U0047348

東京歷史迷走

胡川安——著

推薦序

太平之都的浮世指南

城市是個巨大的有機體。

不管是東京還是京都，由自然景觀和人造物組成的城市其實都有著自己的心跳聲。如果只從空間和建築去鑑賞一座城市，就不免忽略掉它「最美的風景」——居民們在這個地方的生命軌跡和時間的堆積。

因為有歷史，每座城市才得以散發出屬於她的獨特魅力。而川安的《東京歷史迷走》，就是探索東京生命律動的最佳指南。

其實這本名為迷走的書一點都不「迷」。順著空間和歷史的足跡，川安訴說著一個一個動人的故事。在這本書裡，你可以認識到江戶的浮世美學、文明開化的樂天主義與和洋折衷，甚至是戰後至今的現代化的美麗與哀愁；可以從最生活的居酒屋文化與和食演進，談到都市美學與政經脈絡。這部自謙為「迷走」的東京文本，其實帶給讀者巨大的知識量卻又讓人欲罷不能，像是一場用文字把閱讀者帶入這個巨大都市舞臺的華麗魔法。閱讀完這本著作，你會發現《東京歷史迷走》不論是在學術根據的支持度、內容的豐富和論及主題的廣泛，這本書做為「知性娛樂」的功能都被發揮得淋漓盡致。

我曾經聽臺灣的出版業界說過：「在臺灣只要出日本相關的書籍就不會沒有市場。」的確，臺灣人對於日本的親近度和好感度可能是世界之冠。而東京與京都這兩個日本最具代表性的城市更是出書時的「鐵板」，也因此臺灣坊間充斥了許多東京、京都甚至其他城市的遊記與介紹書。但是做為一個日本研究者兼前居住者，總覺得大部分的相關書籍只把重點放在吃喝玩樂，甚至去哪裏買東西好之類的資訊。

在這個凡事問網路、只要一開手機就可以找到眾多熱心人士分享東京景點、美食、血拼情報，而且還寫中文的時代，你為什麼要因為一個城市去買一本書？

因為你想聽見她從誕生以來脈動至今的心跳聲。

當然，不是說每個人去玩都得假裝自己是文青，也不買東西、不吃美食就拚命找「黑黑臭臭」的古蹟自拍，或是坐在老板娘的青春是在上一次東京奧運度過的破舊咖啡廳裡感嘆人生才可以。但是只看到東京的浮光掠影，就真的太辜負這個城市的數百年風華了。

深和淺，日常和文化藝術，這些元素組合起來才是完整的東京樣貌。川安的這本佳作除了告訴你從東京就可以望見的富士山，對日本人的意義；三菱財閥在東京的首都富貴浮華煙雲；也告訴你從時尚高雅的銀座到下町人情的淺草，你可以往哪裡玩、吃什麼好吃的。從美景到人文，從思想到飲食，《東京歷史迷走》描寫了這個城市完整的風景。

雖然比起京都，東京做為首都的「年齡」似乎年輕許多，但是京都這個千年古都經歷了好幾次毀滅性的災難。事實上，在漫長的歷史中，京都的天災人禍真的不計其數。但是從江戶時代以來，除了關東大震災和二戰時來自外力的轟炸之外，東京還真的享受了四百年的太平時光。也因為有這段太平的歲月，東京蓄積了許多以平民和中下級武士生活培養出來的「粹」文化。從封建到開國，從文明開化再到經濟大國的過程中，東京這個川安筆下「浮世」哲學的舞臺，隨著歲月的軌跡留下了一個個引人入勝的人文風景，等著看完這本書的讀者們到訪。

最重要的是這本書真的好好看（笑）。

蔡亦竹　實踐大學應用日文系助理教授

序
城市漫遊者的歷史穿越

二〇一三年，我從靜岡的清水，一個距離東京西南一百七十公里的地方，上了渡輪，穿過駿河灣，前往伊豆半島。一月的海風襲來，有點冷冽，但天氣十分清朗。當我走出船艙，映入眼簾的是清楚的富士山，一座海上浮起的聖山，同時倒映在沁藍的海水中。眼前的景色太過秀麗且神聖，讓我瞭解富士山成為日本人信仰中心的原因。

隔年我到了日光東照宮，一個離東京北方一百五十公里的地方，是江戶幕府創建者德川家康的陵寢。東照宮金碧輝煌的建築，精工細作的雕刻，展現出江戶時代工藝的極致。江戶（即東京）為德川幕府的根據地，日光山位於江戶北方的軸線上，北方為北極星（帝王之星）的閃耀處；而如果從德川家康最早的根據地久能山拉出一條東北軸線，中間穿過富士山，與江戶北方的軸線交會之處即日光山。

富士山和日光都不在東京，但兩處都是東京神聖且不可分割的部分，前者是東京的中心，後者是東京的結界，為什麼呢？讀者看完本書就知道答案了。

這是一本由地理空間綴聯起來的東京史，透過一個個場所，包含車站、寺廟、街區、花園、墳墓、居酒屋、富士山、皇居、明治神宮、博物館……串聯起東京的歷史、文化和城市變遷，講述東京的故事。

我們習慣以時間為主軸，透過時代的演變講述歷史的變化，但卻讓人無法親近。本書中的所有場所，目前仍在東京，而且可以拜訪、可以參拜、可以散步、可以飲食，透過這些場所，將一則則故事與東京的發展聯繫起來。

東京的前身是江戶，德川幕府於此定都後，制訂「參勤交代」（註1）的制度，要求各地的諸侯大名上京，因此整備交通，大興土木，使得江戶成為全日本的政治、經濟和文化中心。年輕的江戶和優雅的京都相較，沒有那麼拘謹、婉約與內斂，而是生氣盎然、活潑、奢侈、大氣和豪邁，用日文來說，就是「粋」（いき），也可以用漢字表達成「意氣、生」。居民的生活態度和蓬勃的商業都展現了江戶的活力，從目前的淺草寺、日本橋、六義園，或是流傳下來的浮世繪和飲食習慣，都可以看到城市的風格依然強固地傳承著。

時移事往，隨著黑船駛來，日本逐漸現代化、西洋化，主張脫亞入歐，高樓大廈蓋起來了，城市生活也發生劇變。江戶時代的文化雖然部分留在東京，但更多的是最近一百五十年的發展，透過富士山、皇居、東京車站、明治神宮、代代木體育場和東京鐵塔，展現了每個時代城市發展的象徵。皇居具體而微地說明了天皇東遷的歷史；明治神宮呈現了日本追求現代與傳統間的平衡；二次戰後的城市發展，可以清楚地從代代木體育場和東京鐵塔的建設看到；而東京車站的拆除與保存，則表現了新世紀城市記憶的復甦……

我喜歡一步步走過東京街巷，在散步中感受城市的肌理，理解過去與現在的交疊。熟悉日本文學的作者都知道東京的「散步文學」，從永井荷風、川本三郎、池波正太郎、大佛次郎和司馬遼太郎等作家以降，對於東京的描寫形成了「東京學」，這是人文、知識與城市的書寫，此傳統影響了我。我喜歡池波正太郎，他除了是一位大文豪，同時也是一名美食家，創作小說之餘也散步尋找美食；而歷史小說家司馬遼太郎寫《街道行》，透過散步、旅行，反思城市的文化，構築出自身的史觀。

散步是自我與城市的對話，我從明治神宮可以看到日本殖民臺灣的影子，從東京的都市改造也可以反思臺灣的城市規畫。從銀座的資生堂走到東京大學旁的岩崎邸，領略舊日東京的浮華世界；從下町的巷弄感受永井和風的散步況味；在聖瑪利亞大教堂、國立新美術館中看到東京的建築與人文；也在街道上與祭典中的人群共舞。最後步行至東京的終點，也是每個人最後的棲身之處——雜司之谷靈園，在此可以深思人生的意義，同時也映照出城市和文化發展的特殊之處。

胡川安　二〇一七年秋於東京

註1參勤交代：江戶時代，各藩大名要前往江戶替幕府將軍執行一段時間的任務，然後返回自己領土執行政務。

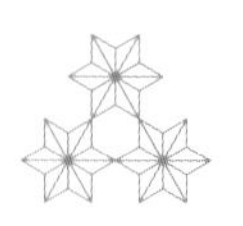

目錄

第三章　舊東京的浮華世界

第四章　東京的城市與建築散步

結語：東京的未來

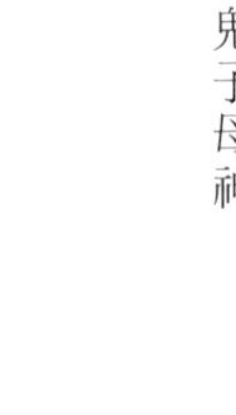

西日暮里
日暮里
東向島
曳舟
京成曳舟
Taito
台東區
上野
御徒町
秋葉原
飯田橋
御茶ノ水
錦系町
兩國
錦系町
神田
神田橋
Chiyoda
千代田區
東京
箱崎
寶町
Chuo
中央區
汐留
潮見
竹芝
晴海
豊洲
Koto
江東區
日の出
新豊洲
市場前
豊洲
田町
芝浦ふ頭
東雲
新木場
芝浦
有明
台場
有明
品川
台場海濱公園
國際展示場正門

東京歷史迷走

第一章
1 日本橋
2 高島屋
3 三越
4 日本銀行總部
5 日本橋三井廳
6 淺草寺
7 六義園

第二章
1 東京車站
2 皇居
3 明治神宮
4 東京鐵塔
5 國立代代木競技場

第三章
1 資生堂餐廳
2 舊岩崎家宅邸庭園
3 鳩山會館
4 目黑雅敘園

第四章
1 東京國立博物館群
2 上野動物園
3 東京聖瑪利亞大教堂
4 國立新美術館
5 鬼子母神堂
6 雜司之谷

第一章 東京的前世

一、始於日本橋：城市記憶的甦醒

東京的前身是江戶，我喜歡在東京尋找「歷史的層次感」，不只是江戶時代以來的痕跡，還有明治維新之後的文化，或是大正、昭和時期的建築。

東京的特色和有趣之處就在於——不同歷史時期的生活經驗都累積在這塊土地上，不只是建築的外觀而已，還有飲食、生活用品和地景，都一層一層地累續下來。

我們先用一整天走一趟日本橋吧！

那裡以往是水都江戶的商業、文化和生活中心。從江戶時代幾經變遷，已不復以往的模樣，但我們如何在現代中找到「歷史的層次感」呢？

我從東京車站的八重洲出入口開始這段小旅行，往京橋、日本橋的方向走，看到了許多摩天大樓。

這裡以前只是個小漁村，因德川家康建江戶城而改變了一切。

1 天下的起點

德川家康建都江戶，本來沒有人的小漁村成為日本的政治中心。他召募了大量工人整備這座城市，大興土木，填河造陸，在日本橋川上架起日本橋。隔年，也就是一六〇四年，日本橋開始成為商業中心，並做為江戶五街道的起點。

江戶五街道包含：東海道、奧州街道、日光街道、中山道、甲州街道，把日本江戶時代重要的政治和文化中心串聯起來。所以日本橋就是經濟、金融和信息的起點，換句話說，德川家康的天下，從這裡開始。

2 從〈熙代勝覽〉看日本橋的繁華

想要瞭解日本橋以往的景象，最可以說明當時榮景的正是〈熙代勝覽〉這幅圖，它可以類比中國的〈清明上河圖〉。

〈熙代勝覽〉是一幅描繪江戶時代日本橋的寫實畫作，它被發現的故事十分特別。原圖本來沒有什麼名氣，在日本已不復見，後來在德國柏林的東洋美術館被發現。〈熙代勝覽〉是柏林自由大學的生物系教授 Hans Joachim Custer 所寄託的物品，他因為喜歡中國美術作品所以在黑市買了這幅畫，但當時相關人士可能分不大清楚日本和中國的差別，所以將之視為中國美術。

Hans Joachim Custer 在一九九九年去世，後人整理他的遺物時，由美術館的館員確認是日本的作品，並透過介紹邀請日本學習院大學的小林忠教授進行鑑定。當時美術館也在整修，之後隨著博物館重新開張，〈熙代勝覽〉首次向大眾公開。

二〇〇三年，〈熙代勝覽〉回到日本，在江戶東京博物館和日本橋的三井美術館展示，現在回歸柏林的國立亞洲美術館。

一般人不容易看到原畫，但只要坐地鐵到三越前站，就可以看到複製圖。原畫的長度是長四三・七公分、寬達一二三二・二公分，在三越前站的展示圖以一・四倍複製。（請參考本頁 QR CODE 欣賞畫作）

3 光輝太平盛世的美好景觀

〈熙代勝覽〉的重要性或許不在於藝術價值，而是繪畫具體地表現了十九世紀初期（一八〇五年）的日本橋街道，也就是現在的「中央通」。以往江戶時代留下的浮世繪只呈現了當時的部分街角，但〈熙代勝覽〉卻完整地展現了日本橋的原貌。

取名〈熙代勝覽〉，意指「光輝太平盛世的美好景觀」。這樣的景色就是從今川橋開始到日本橋，共七百六十公尺的商業街。畫中有八十八間商店，一千六百七十一位往來人物、二十隻狗、十三匹馬、四頭牛、一隻猴子和兩隻老鷹。

一八〇六年，江戶發生了一場「丙寅大火」，整個城市被燒毀了大半，而〈熙代勝覽〉畫的是大火前的日本橋。以往想瞭解江戶時代的很多職業，只能從書本文字獲得資訊，但〈熙代勝覽〉提供了畫面，讓後人得以參照。從圖上可以看到各式各樣的職業，舉例來說，像是賣菜刀、鋤頭、鐮刀等刀具，或是茶碗、草鞋、和菓子、壽司、藥、青菜等生活必需品，抑或是露天的茶店，有點像現在的路邊咖啡館，也看見雜耍藝人穿插其中。

現在的三越百貨本店就在日本橋，當時稱為三井越後屋，在〈熙代勝覽〉中也可以看到，是日本橋最大的商店。

日本橋之所以成為江戶的商業中心，不僅因為它是五街道的起點，還是陸路和水路匯集之處。

4 水都江戶

現在到東京，很難想像以前這裡是個水都。四百年前的東京由小條河川貫串，城市當中的來往與運輸多靠河運。東京現在的商業中心京橋、銀座、新橋等地，以往是半島狀的低地，稱為「江戶前島」，彼此之間的往來多依靠船舶。

既然江戶城的運輸主要靠四通八達的水道，而日本橋又是江戶五街道的起點，這裡的重要性不言而喻，再加上江戶居民的主食是江戶灣所撈捕的魚類，魚肉的批發市場——日本橋魚河岸——也在此地。當市場和採買生活用品的中心地帶都在日本橋，可以想見當時商業繁榮的景象。

5 世界最大城的商業中心

在十九世紀初期，江戶的人口超過一百萬，堪稱是世界最大的城市（當時巴黎人口差不多五十萬、倫敦差不多九十萬），眾多人口所需的生活用品和相關產業都在日本橋附近聚集。

有些江戶時代日本橋的町名沿用到現在，像是日本橋一丁目就是「吳服町」，主要是賣和服的商人所居住的地方；二丁目以前稱做「大工町」，是建築技術工人居住之處；三丁目是「箔屋町」，是打箔職人所住的地方；過去一點的京橋一丁目以往是「桶町」，是製作木桶的工匠所住的地方。

一百萬人的江戶雖然沒有京都優雅細緻的文化，但庶人文化卻在東京的日本橋開始成形。舉例來說，江戶時代大量的文學作品得以傳播，主要是因為印刷業的發展，浮世繪的流傳也得益於印刷業，主要的大書商像是「須原屋」、「鶴屋喜右衛門」也都聚集在日本橋。

明治維新之後，江戶成為東京，日本進入現代化的歷程。明治政府將日本橋設計為銀行業、金融業、保險業和運輸業等現代產業的總部。新的日本橋在明治四十四年（一九一一年）成形，本來木造的橋改為石造，相當有氣勢，附近還有船舶的停靠場，從橋邊可以看到來來往往進出魚市場的船舶。

明治維新後的東京基本上還是維持水都的格局，可見日本橋的重要性沒有因為明治維新而改變。

然而，一九二三年的關東大地震卻改變了水都江戶的生態。

6 關東大地震後的日本橋

江戶原本是個水都，而日本橋旁的魚市場就是江戶的胃，捕獲的魚都在此販售。關東大地震使日本橋受到重創，魚市場轉移到了築地。從此，日本橋的船舶停靠數目下降，單單成為陸運的起點，而非河運和陸運的交叉處。

雖然地震後，日本橋沒了魚市場，但這裡還是有相當多百貨公司、銀行和商店，仍然維持一定的活力，即使二次世界大戰的東京遭遇大空襲，日本橋也能慢慢恢復元氣。

對於日本橋發展最為不利的是舉辦東京奧運，當時隨著奧運場館的興建，東京的大規模建設也開始，加上國民都買得起汽車，路面交通成為東京最重要的發展項目。首都高速道路必須在奧運前完工，而日本橋因為沒有了魚市場，河面來往的船隻減少了，所以高速公路就蓋在河面上。當高架道路從日本橋上穿過去，使得日本橋的空間變得緊縮，缺乏了以往開闊的格局。

隨著東京的發展，新宿、澀谷、池袋都發展出不同的購物人潮和商業模式。在時代更迭中，日本橋逐漸喪失了活力。對於這裡的百貨公司、商店和周邊的老鋪來說，日本橋應該如何開展創新的發展模式？如何在二十一世紀的現代，一提到日本橋就浮現一定的印象？

最近的「日本橋再生計畫」想將日本橋規畫成「歷史的商業區」，重新建構這裡的記憶和文化，其具體想法如何落實在街角的每一處呢？

讓我們一邊在日本橋散步，一邊認識甦醒的城市記憶吧！

7 日本橋的散步

走過今日的日本橋，還可以看到「日本國道路元標」，此處是日本道路的基準點（起點），明治維新後沿襲江戶五街道，將此做為日本道路的起始。

日本橋最吸引人的建築就是高島屋和三越，這兩家知名的百貨公司是江戶時代創立的知名雜貨店，在時代潮流下轉變成百貨公司。到日本橋這兩家百貨公司購物，可以順便參觀這兩棟歷史建築。

8 在東京覺得熱的話，就到高島屋吧！

高島屋在一八三一年創立於京都，以做棉布生意為業，後來歷經明治維新，也進行了現代化的轉型，生意擴及到大阪和東京。

目前日本橋的高島屋是昭和八年（一九三三年）所蓋，當時就配有冷氣和暖氣，廣告宣傳說：「在東京覺得熱的話，就到高島屋吧！」由於建築相當有特色，現在已

圖1-1

高架道路從日本橋上穿過

圖1-2

日本國道路元標

經被選為「文化財」。

高島屋的建築採用現代性的建築，但加入日本的風格，設計者高橋貞太郎採用文藝復興樣式的外觀，柱子特別從義大利進口，正面吊燈有兩萬顆施華洛世奇的水晶，增加其奢華感。

9 天女降臨三越

三越是三井家族在日本橋所開設的和服店，當時稱為「越後屋」，隨著明治維新，老鋪開始思索新的生存之道，最後將「三井」與「越後」合併，成為三越百貨的名稱由來。一九一四年蓋的建築，仿文藝復興樣式，在一九三五年又擴建，成為現在的樣子。

三越本店內的中庭有一件驚人的藝術品「天女像」，於昭和三十五年（一九六〇年）完成，高達四層樓的雕像是以五百年以上的檜木所雕。天女像的日文為「まごころ」，也是「真心」的意思，具體展現出企業的精神與象徵，是三越百貨慶祝開幕五十年的重量級藝術品。此像高十一公尺，總重量高達六千七百五十公斤，以天女降臨的姿態為靈感（見28頁圖）。

雕塑的線條十分流暢，顏色鮮豔的衣服配上柔和的神情、絢爛的色彩，讓人一進入三越就被這幅藝術品吸引。

雕塑由佐藤玄玄所做，是他生涯的代表作，他出生於福島，家裡代代做神社和佛寺的雕刻裝飾，曾經到法國留學，可以說兼具東洋與西洋的藝術精華。三越當初花了四百萬日圓（現在差不多一億日元）請他創作。

不管是日本橋的三越百貨或是高島屋，進去參觀便有走進古蹟或是博物館的感覺，頓時覺得名牌包包或首飾、鑽戒，都相形失色。

從兩棟既古蹟又是百貨公司的建築出來後，我們可以在日本橋吃一頓江戶味的午餐，感受明治維新時代的洋風。

圖1-3

天女像

10 江戶味vs洋風！

日本橋從江戶時代創業到現在的老店還不少，像是「吉野壽司本店」，現在已經是第五代老闆吉野正敏在經營。我在《和食古早味》一書中指出，壽司一開始只是路邊攤的速食，吉野壽司正是從日本橋的路邊攤開始，後來才有了店家。

如果不想吃江戶味，那就來點日本西化時的洋食吧！

從江戶時代走到明治維新，日本橋充滿了當時留下的建築，像是創業於明治八年的「明治屋」，由橫濱上人磯野計所創，主要以引進船來品和食品為業，也是日本第一家引進法國葡萄酒的公司。日本最早的啤酒在橫濱的外國人居留地製造出來，是麒麟啤酒的基礎，明治屋則是第一個代理啤酒並且販賣的公司。

明治屋將西洋的食品和雜貨帶進日本，改變了日本人的生活文化和風格，奶油和後來流行的可口可樂，也都是明治屋引進的。

目前以文藝復興風格蓋的明治屋京橋大樓，建於昭和八年（一九三三年）。在明治屋可以買到很多西洋食品，也可以到地下二樓的「京橋モルチェ」吃頓午餐，這裡是東京洋食老店，販售蛋包飯、豬排飯等在日本才吃得到的洋食。

11 日本橋的烤鰻魚

我也推薦大家到「割烹大江戶」吃烤鰻魚，本店就在日本橋，從日本橋的三越一路走來，轉進巷子中，可以看到一間三層樓的房子，看不出是已經營業超過兩百年的老店。「割烹大江戶」是江戶時代寬正年間創立的老店，目前傳到第十代，日式的木門搭配著暖簾，飄散著鰻魚的香味。

東京的烤鰻魚與鰻魚飯店雖多，但能經營長久、代代相傳的並不常見，「野田岩」、「神田川」和我用餐的「大江戶」，基本上就是烤鰻魚這種料理的活歷史，打從有蒲燒鰻魚這種作法時，「大江戶」就開店營業了。

一打開用黑色漆盒盛裝的鰻魚飯，香氣溢出，蒸過的鰻魚相當柔軟，淋上甜而不膩的醬汁，軟呼呼的鰻魚搭配軟硬適中的白飯，就是道地江戶的味道啊！

鰻魚的品質、燒烤的時間、醬汁的鹹淡、白飯的口感，都是鰻魚飯好吃與否的關鍵。在炭火中慢慢燒烤的鰻魚香，隨著一代一代的傳承，從江戶幕府走到明治維新，再從戰前到戰後，如此難得地保存了傳統的口味。

吃完飯繼續在日本橋附近逛逛，可以走進日本的金融中樞。

12 日本的金融中樞

三越本店的後方就是日本銀行總部（見32頁圖），平常開放參觀。當初是以比利時的中央銀行為設計的藍本，中心的穹頂是銅砌，整體建築對稱而大氣，採用新巴洛克結合文藝復興的樣式。明治十五年（一八二二年）完成的日本銀行，經過五年半的建造時間，展現了一個追求西化、新興國家奮起的氣勢。

為什麼會選擇在日本橋開設日本銀行的總部呢？從江戶時代開始，日本橋就有很多金融機構，明治維新也將這裡做為日本的金融中心。明治十三年，東京有二十四家銀行，日本橋就集中了二十家，重要的銀行都在此設立總部，而管理銀行的日本銀行總部想當然耳也就設在此地。

圖1-4

明治十五年完成的日本銀行

日本銀行的內部除了有氣派的設計，還可以看到以前用來儲存黃金和現金的金庫。旁邊的貨幣博物館也是日本銀行附設的博物館，收藏日本古代的貨幣，和各個時期發行的錢幣。

13 睡覺前再來欣賞金魚的曼妙姿態！

用餐完帶著飽意，走到中央通上日本橋三井廳（三井ホール），夏季的三個月中都會舉辦金魚展「江戸的風雅——水族的藝術呈現」（江戸の風雅をアートアクアリウムで），展場中有五千條以上的金魚，由七十個水族箱組成十七個展示區。

藝術家木村英智利用室內設計，搭配水族箱的燈光裝飾，使整個空間呈現出前衛的設計感，同時也加入日本傳統特有的文化元素，像是和服、屏風或是燈籠等，所以在前衛中看得到傳統，在新潮中展現出熟悉的日本風味。

木村英智為了使觀眾看到萬花筒般的效果，設計時，在玻璃的切割上也花了一番功夫，使觀眾從不同的角度看魚缸，能看到不同的光線下，顏色與姿態各異的金魚。

金魚不僅是一種從中國傳播而來的外來生物，它代表一種獨特的、屬於日本的美學文化。江戶時期的宮廷畫卷中，金魚是富貴與平安的象徵。

浮世繪大師歌川國芳（一七九八年～一八六一年）以擬人化的方式描繪金魚，他的〈金魚づくし〉賦予金魚人性，牠們喝酒、划船、優游於水中，展現活潑生動的一面。

隨著江戶時期的工商業發展，市民階層發展出各種休閒遊樂，浮世繪中可見許多與金魚相關的內容，可見民眾對於金魚的喜愛程度，例如，有小販沿街挑著金魚叫賣，旁邊大有人小孩圍觀的畫作。而金魚除了吸引民眾觀賞之外，還象徵著魚水之歡，浮世繪中的春宮畫也經常以金魚加以裝飾。

日本橋展的金魚展希望能讓東京民眾記起江戶時代的夏季活動，但不完全依照「傳統」，而透過現代聲光化電的元素，將傳統包裝成現代東京居民的共同節日。

日本人一直思考如何透過街區的改造，讓城市的歷史記憶甦醒，希望透過現代的方式、傳統的元素，共同譜寫日本橋的歷史，並為下個世代留下現在的記憶，把街區的味道和氛圍傳承下去。

二、淺草寺的前世與今生：宗教和觀光的中心

或許是因為不喜歡太多觀光客，我去過淺草一次後，就沒有重遊的想法。觀光客不好嗎？也不是，我們都是觀光客。那排斥的是什麼呢？或許是擁擠，或許是不喜歡旅行團的那種浮光掠影，帶著觀光客到淺草寺，只為了找到一種刻意營造出來的「日本味」、一種消費的觀光。

然而記憶中，當我走過雷門，穿過重達六百七十公斤的大燈籠，走過人群擁擠的「仲間世通」，人聲鼎沸，叫賣聲不斷，我想起以前閱讀《江戶繁昌記》的體會。此書由江戶晚期的文人寺門靜軒（一七九六年～一八六八年）以「戲文」的體裁寫成，不講究文章，寫一些風花雪月，記載很多青樓內狎妓之事；有些則描寫市井生活，可以用來參照江戶末期的城市景象。寺門靜軒描寫淺草寺是香火聚集之地，人們摩肩接踵，競相到此處獻上他們的敬意。

寺門靜軒也描寫淺草寺周邊的「仲間世通」，那裡有販賣各式各樣商品的小販，

除了提供茶水飲料的茶屋、餐廳，還有雜耍表演、使陀螺、表演魔術的街頭藝人等，讓人目不暇給、眼花撩亂。或許淺草寺從江戶末期以來就是商業繁盛、人聲鼎沸的觀光勝地，如今只是增加了外國的觀光客。

明治維新以後，淺草寺仍然集庶民文化、商業和娛樂於一。川端康成的《淺草紅團》，時間設定在一九二〇年，香火鼎盛的寺廟旁就是庶民休閒玩樂的地方。當然，青樓狎妓也算玩樂的一部分。神聖與世俗似乎就是一個硬幣的兩面。

1 淺草寺的由來

淺草寺是東京都內最古老的佛寺，位於臺東區淺草二丁目，其山號為「金龍山」，供奉觀音菩薩。淺草寺有一個傳說的起源：推古天皇三十六年（六二八年），漁民檜前濱成和檜前竹成兩兄弟，在現今的隅田川撈到一尊佛像，加以供奉，成為淺草觀音最早的信奉者。寺廟透過佛教僧人一代接一代的努力，在十世紀中期已經具備了一定的規模。

圖1-5

淺草寺雷門

圖1-6

淺草寺一景

淺草寺會成為繁盛的寺院，正式進入歷史的舞臺，主要還是政治的因素。當年德川家康控制關東後，在一統天下的關原之戰前夕，一向雍容大度、從容不迫的他也焦急了起來，希望透過神力的加持，助他一臂之力。他透過僧侶幫助，將淺草寺的觀音當成是戰勝的重要力量，於是召喚寺內的僧侶，一同替他祈福。

德川家康一統天下後，淺草寺的地位穩固，即使被寬永八年（一六三一年）、寬永十九年（一六四二年）的大火燒毀，也在德川家的幫助下，在慶安元年（一六四八年）建五重塔，慶安二年（一六四九年）又重建本堂。

在德川家占據關東時，江戶不過是個人口不到一千人的小鎮，隨著發展，政治與經濟中心從關西轉移到關東，江戶漸漸成為一個人口將近一百萬人的大城市。淺草寺雖然有賴德川家支持，但漸漸地將遊樂與宗教事業結合，走出自己的一條路。

2 淺草寺和江戶社會

淺草寺能夠成為江戶的遊樂與宗教中心，有賴於文化、社會和制度的共同發展，加拿大籍的韓裔學者HUR, Nam-lin曾經對德川幕府晚期的淺草寺做過詳盡的研究，寫下《日本德川時代晚期的祈禱和遊玩：淺草寺和江戶社會》（Prayer and Play in Late Tokugawa Japan: Asakusa Sensoji and Edo Society）一書，書名中的「祈禱」（pray）和「遊玩」（play）這兩個字看似對立，卻在日本宗教、文化當中融合為一，透過淺草寺的例子，勾勒出德川幕府晚期栩栩如生的社會生活。

淺草寺同時發展宗教與娛樂事業，透過文化、社會經濟和制度的建立，逐漸脫離德川家的控制，無須仰賴政府的資金挹注，只要透過民間捐款和「賽錢」就可以經營得相當完善，在現代化以前的亞洲，算是非常成功的非營利組織。

從整個江戶的地理空間來說，淺草寺位於城市的東北邊緣，周邊聚集大量商販和娛樂場所，是十分特殊的存在。其北邊有江戶最大的紅燈區「吉原」，住了大量的流浪者，還有小塚原刑場，處決過大量犯人。與淺草具有同樣地理位置的是江戶西南邊的品川，這裡的增上寺是將軍的家廟，圍繞增上寺的則是流浪漢以及鈴ヶ森刑場。淺草寺與增上寺，一個在東北，一個在西南，都在城市的邊緣，遠離江戶中心，聚集了一些社會邊緣人和即將被處決的人，彷彿穿梭陰陽兩地，成為神聖與世俗的交界。

三、浮世繪：庶民的藝術

梵谷會到經常購買顏料的店家買浮世繪，也幫店主唐奎老爹畫了〈唐奎老爹畫像〉。畫中老爹背後的牆上掛滿了浮世繪，有富士山、綻放的櫻花與冬日雪景。梵谷不只將浮世繪做為畫的背景，甚至模仿浮世繪的技法和構圖。

他的〈盛開的李樹〉臨摹歌川廣重的〈貴戶梅宅〉，還在畫幅旁寫下他不懂的日文，而〈雨中的橋〉的靈感則很明顯來自歌川廣重的〈名所江戶百景夕立〉（左頁圖）。

梵谷在寫弟弟西奧的信中，如此描繪他所看到的浮世繪：

> 我羨慕日本版畫家在他們作品中所表現的清澈理念。這些版畫一點也不教人厭煩，同時從不草率完成。他們看起來簡單的就像呼吸一樣，版畫家以幾筆肯定的線條來畫人體，那種輕鬆的筆調就像扣衣釦一般悠閒。

歌川廣重〈名所江戸百景夕立〉，東京國立博物館藏
Image: TNM Image Archives

這從遙遠東方傳來的畫風、繪畫技巧和構圖都與他所認知的不同，更重要的是，畫中呈現了另外一種態度、一種生活的體驗、一種新的世界觀。

1 浮世繪襲捲歐洲

梵谷與唐奎老爹不是此時唯二接觸浮世繪的歐洲人，浮世繪在當時的歐洲已經普遍流行，收藏家大量收藏這些帶著異國情調的繪畫，巴黎的藝廊也舉辦浮世繪展覽。

明治維新，日本人大量學習歐洲現代的文明、科學和技術，但是文化交流不只西風東漸，也從東方流入西方。當時巴黎的藝術家們對日本的工藝品產生極大興趣，像惠斯勒（James A.M. Whistler）就收集很多日式書法，莫內蓋了一座日式庭園，羅特列克（Henri de Toulouse-Lautrec）甚至還穿了日本的武士服。

浮世繪在當時的日本是庶民的繪畫，通俗性高，甚至帶有傳播消息的功能，畫面的內容很多與民眾的生活相關。而這樣的作品傳到歐洲巴黎和其他地方，一時洛陽紙貴，成為爭相買賣的藝術品，並且影響了歐洲近代最重要的藝術運動——印象派。

2 浮世繪的詞源

二〇一四年一月二日到三月二日，江戶東京博物館慶祝開館二十周年和國際浮世繪學會成立五十周年，舉辦了「大浮世繪展」。我在當時開年的日本行參觀這次難得的大展。由於很多重要的浮世繪名作散落在世界各地，此次展覽從全球將近五十家博物館和私人收藏當中，借了以往難以見到的作品，重要的浮世繪畫家包括鳥居清長、鈴木春信、歌川廣重、喜多川歌麿、葛飾北齋、歌川國芳等的作品皆有。

「浮世」一詞來源為何？應該從佛經而來：「浮世匪堅，如夢所見。」或從李白的詩句：「浮生若夢，為歡幾何。」象徵萬事萬物浮浮沉沉，如夢似幻。但江戶時代浮世繪之「浮世」一詞，似乎無佛學意涵。當時流傳的《浮世物語》中有一段話，我覺得是對「浮世」的最好註解：「萬事不掛心頭，隨風飄去，流水浮萍一般，即叫做浮世。」

在日本藝術發展的過程中，浮世繪的興起代表庶民藝術的成熟，脫離以往僅限於貴族、武士階級的藝術形式，是以平民大眾為導向的藝術，描繪日常生活和人間萬象，而其發展時間幾乎和德川幕府相始終。浮世繪是以江戶（現在的東京）為中心所發展出來的繪畫形式。

隨著德川家康統一天下，政治穩定，經濟富庶，平民大眾獲得很多經商的機會。富商大賈群集此地，他們與以往貴族、武士們的品味不同，感興趣的不再是緩慢優雅的「能」劇，而是通俗化之後的「歌舞伎」，而相鄰於歌舞伎劇院的則是吉原——青樓紅燈區。

3 浮世繪展現江戶時代的娛樂百態

江戶時代庶民們欣賞的不是狩野派障壁畫的工匠傳統，那是以貴族、武士們為導向的畫風。而浮世繪最初的主題圍繞在歌舞伎的演員、吉原的藝妓和相撲力士等娛樂場所的描寫，寫實且生動地描繪了當時人們的娛樂百態，深受喜愛。

從菱川師宣（一六二五年～一六九四年）的畫作就可以看到社會生活和藝術的轉變。他本來是世代服務於貴族、階級制度之下的染織工匠，當舊的階級制度鬆動，也轉入尋常百姓家，並將繪畫的內容改變成歌舞伎中感人的愛情故事。

菱川師宣的浮世繪還是由畫師一筆一筆所創作，相較於之後大規模印刷的版畫，這時候稱為「肉筆浮世繪」，能夠購買的還屬於社會上層。〈見返美人〉這幅菱川師宣的重要作品，以大片留白呈現畫中女子步行途中轉頭的一剎那，女子臀部的曲線，自然下墜的衣襬，典雅的緋色和服上細緻地展現出菊花和櫻花的花紋（左圖）。

菱川師宣〈婦女圖（見返美人圖）〉
東京國立博物館藏　Image: TNM Image Archives

菱川師宣也描繪吉原的生活和富人們的休閒娛樂，他不單純地寫實，還呈現了某種剎那間永恆的感覺，例如在一張命名為〈江上小遊〉的畫作中，具體地描繪隅田川上游船的休閒活動。船上的兩位年輕人專心下著棋，旁邊陪席的應該就是吉原的藝妓，特別之處或許還在於船屋頂上那位掌舵的年輕人，神色自若地抽著菸，有著畫龍點睛的活潑氣氛。

浮世繪的重要主題之一「演員畫」（役者繪）由鳥居清元（一六四五年～一七〇二年）所創。較菱川師宣晚二十年的鳥居清元，創立的「鳥居派」擁有不少追隨者，傳承了八代，直到二十世紀昭和時期。

鳥居清元的繪畫說穿了就是「看板繪」，類似電影海報的宣傳照。在彩色印刷普及之前，早年電影院的招牌都是以油畫的方式製作，為了呈現電影的特色，演員的表情都會被誇張化，希望讓還沒看到電影的觀眾們能透過看板的吸引力，買票進戲院，一睹演員的風采。

鳥居清元及其傳人留下不少歌舞伎演員的樣貌，像是鳥居清倍（一六〇九年生，卒年不詳）所繪的〈演員市川團十郎〉畫像，展現男性渾厚的曲線，又細緻地捕捉演員微妙的表情，不只寫實地呈現身材和體型，尚且捕捉其在舞臺上最為生動的一幕。

從十七世紀後半期到十九世紀，除了買票進戲院看歌舞伎的表演，男人最重要的休閒活動就是到吉原尋花問柳。對於一般民眾而言，即使無法到吉原一擲千金，也可以透過便宜的版畫欣賞美女。有了這樣的需求，畫師們便畫了不少藝伎的美人畫。

藝妓的工作不全然是出賣肉體，她們必須經過嚴格的訓練，具有傳統文藝的底子，並且能夠招呼賓客，使賓主盡歡。客人所求的不只是身體，更是「藝」，是一種由女人所展現的活動的「藝」。繪製藝妓最出名的就是十八世紀中期的喜多川歌麿（一七五三年～一八〇六年），他所描繪的人物，突顯上半身，人物的頭像占據畫面大部分空間。這種稱為「大首繪」的頭部特寫，透過線條表現臉部細緻差別，並且經常呈現女性半裸露的形象，以細緻的筆觸表現柔軟的肉體，再以衣服的樣式、紋飾，身體的擺動、姿態和周邊的擺飾，展現女性的美。

除此之外，他還仔細觀察藝伎一天生活的不同時刻，〈青樓十二時〉隨著時間的推移展現吉原藝伎的生活細節。他的畫不只呈現外表的形象，還捕捉住人物的內心，我一直覺得張愛玲最能掌握他的畫，她說：

〈青樓十二時〉裡我只記得丑時的一張，深宵的女人換上家用的木屐，一隻手捉住胸前的輕花衣服，防它滑下肩來，一隻手握著一炷香，香頭飄出細細的煙。有丫頭蹲在一邊伺候著，畫得比她小許多。她立在那裡，像是太高，低垂的頸子太細、太長，還沒踏到木屐上的小白腳又小得不適合，然而她確實知道她是被愛著的，雖然那時候只有她一個人在那裡。因為心定，夜顯得更靜了，也更悠久。

4 浮世繪對於中國的影響

浮世繪不僅影響西歐的藝術至鉅，也影響著中國。明治維新之後，一八九五年日清戰爭一役，中國在亞洲的地位殞落，當時中國的年輕人們除了到歐美等國學習之外，日本也成為取經的對象。魯迅、豐子愷、葉靈鳳等人都對日本浮世繪產生興趣。魯迅最喜歡葛飾北齋的畫，他曾說：「關於日本的浮世繪師，我年輕時喜歡的是北齋……依我看，恐怕還是北齋適合中國一般人的眼光。」「日本的浮世繪，何嘗有什麼大題目，但它的藝術價值卻在的。」

浮世繪是庶民欲望的展現，同時也刺激著庶民想買票進入歌舞伎劇場一窺究竟、到吉原找藝伎玩一次、到熱門景點走一回、到富士山爬一回，有如現在報章雜誌和電影的廣告。

沒有什麼大題目的浮世繪，只畫一般庶民的生活，卻能展現藝術性，就好像看到別出心裁的廣告，令人印象深刻。更有甚者，一些天才畫家在浮世繪原有的技法之中開創出新的藝術性，像葛飾北齋與歌川廣重兩人。

5 富士山的不同姿態：葛飾北齋

浮世繪在外國人的心中應該是最能代表日本人的藝術，受到最高評價的是葛飾北齋（一七六〇年～一八四九年）的作品。北齋大量作品中最知名的為〈富嶽三十六景〉，是他在七十歲左右完成的風景畫。同樣一座富士山，以幾十幅的畫作、不一樣的構圖和用色，呈現不同角度的美。江戶時代，人們對於富士山的信仰相當虔誠，有集團參拜富士山的「富士講」，也有在看得見富士山的地方建墳立墓的「富士塚」。

北齋的「三十六景」其實不只三十六張，最初的三十六張出版之後，由於廣受市場的青睞，又追加了十種富士山的不同姿態。這也使得浮世繪不再局限於「美人繪」和「役者繪」，還增加了風景畫這種類型。

北齋在七十歲之前學藝於不同門派，是浮世繪畫師勝川春章（一七二六年～一七九二年）的弟子，後來又習藝於宮廷工匠狩野派的畫師門下，嫻熟庶民與貴族藝術的表現手法。除此之外，他也對於西洋畫風感興趣，瞭解當時傳入日本的遠近透視畫法。

北齋不只對風景畫展現出過人的天分，事實上，他對萬事萬物都有興趣，生前所出版的《北齋漫畫》中，包含了四千多張隨筆素描。《北齋漫畫》的前言提到：「所畫山水草木鳥獸蟲魚固勿論，至如人物，則農圃之稼穡，百工之事業，凡森羅萬象於覆載之間者，一網無遺。」

「漫畫」一詞也源自北齋的這套畫集，當我在江戶東京博物館的大浮世繪展看到畫冊中的原稿時，發現這些以漫畫筆觸完成的速寫，用誇張的表情展現出人物的特色、以擬人法為動物注入了感情，還記錄了生活中各式各樣的器物，可以說是江戶時代的繪畫版百科全書。

〈富嶽三十六景〉特別之處在於其構圖，突破了以往浮世繪的視角，最為有名的就是〈凱風快晴〉和〈神奈川沖浪裏〉，這兩幅圖的構圖和用色都堪稱是浮世繪之中的最高傑作。前者以三比七的黃金比例呈現富士山，構圖十分簡單，畫面由五個三角形所構成，其特殊之處在於用色——紅色的富士山使人激動且澎湃——但在穩定的構圖之中，卻又呈現出祥和的氣氛。

而〈神奈川沖浪裏〉更可以說是一幅天才畫作，畫面大部分被滔天巨浪所占據，那弧狀浪灣後的遠處卻見富士山矗立。浪尖的白色浪花宛若富士山上的雪，整幅畫面呈現出戲劇的張力。

乍見〈尾州不二件原〉一圖，以為是製木桶的工匠正在削板，仔細一看才看到鏤空圓桶背後的田野，以及遠端的富士山，這幅圖可以讓人感受到北齋構圖上的巧思。他的這一系列浮世繪，主題雖然是富士山，卻以各式各樣的題材和角度呈現，給人富士山無所不在的讚嘆。對許多人來說，富士山真的就是一個神聖的存在。

北齋的畫富有創造力，他活到九十多歲高壽，一直都在求新求變。他在一八三六年出版繪本時，已經八十多歲，自序寫道：「我六歲就喜歡畫各種東西，我畫過很多畫，但七十歲之前的作品都不值得一提，希望我到八十歲能有點進步，九十歲時能明瞭世事的深意，而我一百歲時的作品會很棒，每個線條，每個筆觸都會充滿生氣！」

6 抒情的風景畫：歌川廣重

浮世繪的庶民性多少展現在其商業價值，出版商會尋找暢銷的題材或畫家。北齋開創了風景畫的題材，年紀小北齋三十幾歲的歌川廣重（一七九七年～一八五八年）於一八三三年推出自己的重要作品〈東海道五十三次之內〉。三十七歲的他，描繪由東京到京都，這條「東海道」上五十三個驛站的風景。

廣重出身於消防隊的家庭，師事浮世繪畫師歌川豐廣（一七七三年～一八二八年）的門下。廣重和北齋都學藝多端，廣重也曾經習藝於京都的四條派，此派綜合西方與東方的藝術，以西方的寫實手法表達東方的內涵，出入精緻與庶民的藝術，故廣重的畫比一般浮世繪更多了一股優美和纖細，以風景中之雨、雁、雪、月，展現出一股抒情的氣質。而當時的印刷技術也越來越純熟，並輸入海外的化學顏料，使得此時的浮世繪畫作色彩更加豐富明亮。

廣重以〈東海道五十三次之內〉獲得名聲之後，繼續在風景畫上鑽研，其晚年完成的〈名所江戶百景〉已是爐火純青的作品，雖說是風景畫，但具備非常獨到的視角，別具感情，帶有一種感傷的情懷。以〈名所江戶百景　草田甫酉の町詣〉為例，一隻白貓獨坐於窗檯上，由窗櫺上的格子俯瞰外面的風景，遠處富士山上的鳥群高飛，已近黃昏。

喜歡日本文化的周作人很能抓到廣重畫中的感覺，他說：「畫面很是富麗，色澤也很豔美，可是這裡邊常有一抹暗影，或者可以說是東洋色，讀中國的藝與文以至於道也總有此感，在這畫上自然也更明。」

在〈深川洲崎十萬坪〉這幅畫中，廣重以老鷹的視角俯瞰深川雪景，老鷹占據畫面的最上方，相當接近觀者，畫面由於前景極度接近，使得俯視的空間更具備縱深感。而被梵谷臨摹的〈大橋驟雨〉，則從仰視的角度描繪隅田川上的大橋，突逢驟雨的行人被夏日的暴雨淋得倉皇失措，有趣的是，水上的船夫披著蓑衣、撐著竹筏的樣子，卻相當怡然自得，與行人形成有趣的對比。漸層的雨雲構成畫面的上部，而廣重描繪大雨的手法也是一絕，以粗細不一的黑線來表現，讓人得以感受滂沱大雨，卻又不影響觀者欣賞整幅畫。

歌川廣重晚年已是十九世紀中期，幕府政權搖搖欲墜，一種山雨欲來、改朝換代的的末世感籠罩著所有人。他細膩地捕捉時代的氛圍，帶有一股淡淡的哀愁，一種為歡幾何的氣氛。永井和風的《江戶藝術論》以感性的文字表達出浮世繪中的哀愁：

雨夜啼月的杜鵑、陣雨中散落的秋天樹葉、落花飄雨的鐘聲、日暮山路的雪，凡是無常、無告、無望的，使人無端唏噓此事只是一夢，這樣的一切東西，於我都是可親、於我都是可懷。

德川幕府垮臺，新時代來臨，剛開始日本人還用浮世繪描繪時代改變的樣子，像是銀座的西式街道，或是橫濱由外國人帶來的新形態娛樂方式。但日本人逐漸學習西方的繪畫方式，而浮世繪原有的傳播訊息功能也被報紙所取代，最後逐漸式微。

四、外食文化：居酒屋的風潮

下班了，簡單吃完晚餐或還沒吃飯的朋友，辛苦了一天，今晚要不要到居酒屋小酌一番？現在臺北的大街小巷中，充斥著日式居酒屋，是下班之後放鬆心情的地方、朋友們歡聚的場所。居酒屋是枯燥上班日子的綠洲、生活的調劑，讓人在小酌一番之後，還有心情面對明日的工作。

你知道居酒屋這樣形式的餐飲店，是怎麼產生的嗎？

1 居酒屋的緣起

東京是居酒屋的故鄉，根據平成十八年（二〇〇六年）的《外食產業統計資料集》統計，東京有超過兩萬三千家的居酒屋和啤酒屋，除以東京的人口數，平均五百四十六人就有一間。

居酒屋這種形式的餐飲店是什麼時候開始有的呢？我們得回到兩百年前的江戶時代。當時江戶約有一百萬人，堪稱世界上最大的城市，根據幕府的報告，有近兩千家居酒屋，除以江戶的人口數，約五百五十三人有一間居酒屋。這樣的比例與前述現在東京的的情況，十分接近，由此可見居酒屋是超越時空的存在，是東京人生活的重要場所。

江戶時代的居酒屋反映出日本近代社會文化的轉變：外食的興起與燦爛的庶民生活。從飲食文化來看，很多影響仍具體地展現在當代的日本。

2 世界上最大的外食城市

慶長八年（一六〇三年），德川家康結束日本的戰國時代，開啟了以江戶為首的新時代。江戶做為一個新興的城市，很多「參勤交代」的武士必須到江戶述職。除此之外，當時各階層的人也聚集至此，多是招募而來的男性，使得江戶成為一座非常陽剛的城市。男性在工作結束之後會去哪兒呢？不是到紅燈區吉原遊玩狎妓，就是找買酒的地方。

單身男性會自己下廚嗎？除了型男大主廚以外，一般都在外用餐吧！江戶中的販賣飲食之處稱為「煮賣茶屋」，提供簡單的飯菜和湯品、茶類等飲料。但問題來了，當時的房子主要為木造，經營的餐廳也是，而營業必須用炭火，風勢一大，一不小心就容易燒起來，往往引起連環大火。

從德川家康定都江戶之後到十七世紀中期的五十年間，大小火災不斷，這對居民而言，比起戰爭還可怕。

最有名的「明曆大火」發生在十七世紀中期，在寒冬的一月連續燒了三天，江戶城一半被燒毀。據說燒死十萬兩千百餘人，比後來的關東大地震和美軍空襲死亡人數還多。

大火之後，幕府重建江戶，除了擴大道路、加強防火演練之外，還頒布了夜間營業的禁止令，規定茶屋晚上六點以後禁止使用燈火和販賣飲食。

然而，幕府的宵禁阻止不了茶屋的生意，因為晚上還是得吃飯，除非大家都回家自己煮，不然禁令只是枉然。

為什麼幕府的禁令無法執行？當時的人那麼喜歡外食嗎？為什麼不回家煮飯呢？

男女比例極度不平均的江戶，外來人口大部分都租房子住，江戶時代中期的租房率高達七〇％（現在東京的租房率約五〇％），租房子本來就不方便下廚，加上當時缺乏冰箱，也沒有現代的水龍頭、瓦斯，所以江戶人多賴外食，可以說是近代以前最大一批外食的族群。

3 居酒屋的前世：煮賣茶屋

幕府連續幾年開出了禁令，不但沒有打壓茶屋的生意，江戶的夜間生活似乎越來越熱鬧。

井原西鶴（一六四二年～一六九三年）的《好色一代女》就是這個時候的作品，其中一段描寫了日落時男女兩人一同至數寄屋橋河岸邊的煮賣茶屋。

德川幕府最後不得不認可夜間營業，在元祿十二年（一六九九年）規定風大容易引起火勢的日子，戶外禁止路邊攤營業，但是允許店鋪內的營業。

煮賣茶屋不僅晚上營業，中午也營業，提供幾樣小菜或飲料。晚上營業的茶屋也提供酒，所以漸漸出現「煮賣酒屋」、「煮賣居酒屋」等店鋪，「居酒屋」的名稱正式出現。

兩百年前的江戶時代，一群離鄉背井找工作的人，吃飯老是在外，居酒屋就是順應外食習慣所產生的店家。而如果我們穿越時空，會看到什麼樣的人出入居酒屋？居酒屋的菜單有什麼菜可以點？居酒屋的「酒」從何處來？

4 誰到居酒屋消費？

江戶時代的散文作家喜多村筠庭（一七八三年～一八五六年）在有名的筆記小說《嬉笑遊覽》中描寫居酒屋，消費者大多是獨身男性，主要分為四類：

第一種：臨時工或是短工，也就是日文的「日用取」，每天透過勞力領取薪資，例如土木工人、搬米工人、碼頭工人、船上的臨時工等勞動階級。

第二種：操「駕籠」的人。駕籠就是日本的轎子。上級武士、公卿階層、醫者、僧侶等身分地位較高的人所搭的為「乘物」，而駕籠是一般人可以搭乘的。操持駕籠的人，有點像現在的計程車司機。

第三種：武士、公卿家中的雇工。江戶的上級武士或是進駐的諸侯、大名們，家中需要的勞工往往超過百人，雇工雖然比臨時工有保障，但社會階層也不高。

第四種：算是進出居酒屋之人當中，社會階層最高的職業，下級武士。他們由於薪俸不高，無法過著太奢華的生活，所以居酒屋成為他們打發一餐的選擇。

居酒屋誕生的時代，進出消費的顧客大部分是社會階層較低的人，如果與現在相較，到居酒屋消費的人大部分是上班族，就是日文所說的サラリーマン（Salaryman），一般都有穩定收入，算是中產階級，這是時代演進的對比。

5 酒從何處來？

「居酒屋」為什麼不直接稱「酒屋」，而要加一個「居」字？差別何在？

熟悉日文的人就知道「居」的意思是指在裡面，在酒屋裡面就是「居酒屋」，從茶屋獨立出來的居酒屋重點在於酒。上居酒屋的人一般收入不高，不可能喝太貴的酒，所以想喝到便宜、划算的酒，成了居酒屋誕生的重要契機。

江戶的酒從何而來？

主要從近畿，也就是京都附近運送過來。日本近世釀酒業最大的改變就是發明了「諸白」的製作方式，這是指麴米和卦米都使用精白處理的白米。而「入火」（一般清酒於釀成後會以兩次低溫殺菌法停止殘存酵母菌的活動能力）方式的發明，也使得清酒的保存期限較長。保存方式改良之後，加上使用大型的釀酒槽，開始能大量生產品質好且便宜的酒，替清酒工業打下了基礎。

近畿地區製造的清酒要運送到江戶，以往採用陸運，但是曠日廢時，加上江戶對酒的需求量大增，便改為速度快且運送量大的海運，由關西神戶附近的「灘」（今日神戶東面的海灘）運送至江戶。

除了從關西運送大量的「灘酒」至江戶，愛喝酒的江戶人也開始製造當地的「地酒」。

6 愛喝酒的江戶人

十九世紀前半，江戶市民每年喝掉約九十萬樽的酒，如果換算成公制，超過五萬六千七百公升，除以當時江戶的百萬人口，每人每天喝掉了一百五十五毫升的酒。現今的東京人每天只喝掉十五毫升清酒，如果加入啤酒、葡萄酒計算，每日三百毫升左右，但不管是啤酒或是葡萄酒，酒精濃度都比清酒來得低，可以想見江戶人當時多愛喝酒。

當時的大阪人賣酒賣到手軟，不僅關西人覺得關東人愛喝酒，連到日本傳教的傳教士對江戶街上的印象都是充滿了喝醉、嘔吐、倒地不醒的人。德川幕府後來發出禁令，五代將軍綱吉打算對製造酒類課較重的稅，使得酒價較貴，然而受到強烈反彈，令出不行，幾個月就廢止。

即便如此，德川幕府還是加強取締所謂的「酒狂」（爛醉如泥的人），而如果因為酒醉而殺人者處死，傷人者則嚴懲。或許是因為男女比例相差太多的關係，江戶男兒只能在下班之後靠買醉度過煩悶的日子，常常互看不順眼就大打出手。

江戶人大量喝酒，也與居酒屋的營業時間有關。現在很少看到早上營業的居酒屋，即使有，也很少賣酒。但江戶時代的居酒屋一早就開始營業，而且提供酒。

除此之外，不少通宵營業的居酒屋多開在「遊里」旁邊，什麼是遊里？就是官方認可的吉原，有藝妓、娼妓等，是男人晚上遊玩的地方。吉原是官方認可的場所，但還有所謂的「岡場所」（私娼寮）。歷史紀錄中，江戶有六十九處私娼寮，雖然沒有得到官方許可，一樣人來人往、絡繹不絕。居酒屋多開在遊里與岡場所旁邊，供尋芳客補充體力。

7 吃什麼？居酒屋的菜單

「酒屋」只賣酒，而且不提供坐椅和小菜，但居酒屋則結合了飲食與喝酒的需求。現在東京的居酒屋，其菜單都各有特色，有些還有主題性，而江戶時代的居酒屋菜單又如何呢？先這麼說好了，當時的居酒屋有點像臺灣的自助餐店，只是增加賣酒的服務。

菜單中，「吸物」和「取肴」是最重要的菜式。現在日本料理的「吸物」指的是清湯，但是江戶時代指的是「一汁三菜」，汁指的是味噌湯；三菜則是居酒屋所準備的三道特色小菜。除此之外，還附上飯。而「取肴」按字面的意思就是用手取來吃的菜餚，但是在居酒屋則有特別的意涵，指的是下酒菜，希望客人不會因為空腹喝酒而傷胃。

居酒屋提供的肉類就是江戶灣捕撈的新鮮漁獲。現在生魚片中的「王様」——鮪魚——在江戶時代是較廉價的魚類。《彙軌本紀》提到：「鯛魚是獻給諸侯的，鮪魚則是下賤的食物。」

居酒屋顧客多為庶民，自然無法提供太高級的魚，所以鮪魚生魚片屬於居酒屋的料理。另外，也流行「蔥鮪」，是將鮪魚邊邊角角的肉剁碎，混和蔥一起吃。日本上層階級不太喜歡吃蔥這種味道較重的食物，較低階層的人才吃蔥。而現在常見的關東煮，要到江戶時代晚期或明治時代才出現在居酒屋中。

如果看我的文字敘述不過癮，想一窺當時居酒屋的氣氛，建議讀者可以走訪東京的「鍵屋」，這裡仍維持者大眾酒場的感覺。鍵屋創業於明治時代，原建築已經完整

圖1-7

鍵屋外觀

圖1-8

鍵屋內部

地移到江戶東京建築園，木造的建築裡擺放著塌塌米、斑駁的桌椅，仍可感覺懷舊的古意氣氛。

居酒屋從江戶時代庶民階層（甚至略低於庶民）消費的場所，到現在成為白領階級們下班之後的去處，不管是江戶時代或現代，居酒屋給人的氣氛總是輕鬆、自在的。那裡的食物不算太貴，也不強調珍貴或太花俏的菜式，這樣的氣氛讓人們在工作後得以放鬆心情。

五、江戶的風雅：將軍、大奧與六義園

每到秋天，東京的楓紅盛放，在冬天來臨之前染紅這個城市。東京的楓葉勝地很多都是充滿歷史與文化的庭園，其中六義園雅緻的造景背後，有牽扯不完的後宮歷史故事、情欲糾葛和文士們的唱酬。

1 大奧

最近幾年，後宮戲碼在中國深受歡迎，這股風潮也吹來臺灣。早在這波後宮戲引起注意之前，二〇〇三年六月，日本的富士電視臺就播出首部《大奧》，時代設定在幕末。

二〇〇五年的《大奧・華之亂》和二〇一二年的《大奧・永遠》（男女角色甚至逆轉），故事背景設定在元祿時代（一六八八年～一七〇三年），為第五代將軍德川

綱吉當政。大奧演出了後宮女人的鬥爭，但情況有時更複雜，因為德川綱吉不只喜歡女色，尚且愛好男色。在德川綱吉的將軍生涯中，被寵愛的男童多達三十六人。

柳澤吉保深獲寵愛，由側用人做到大名，擔任過出羽守和美濃守。元祿元年，綱吉親政之後就讓吉保出任大名，並在元祿十一年將自己名字中的「吉」賜與柳澤，改名「吉保」。（側用人：輔佐將軍，並且傳達將軍的命令。守：源賴朝初設此職務，嘉獎功臣到各郡國擔任守護，到了德川幕府時代，掌握一國的實權。）

柳澤吉保被封為甲府藩十五萬石。當時的甲府藩原本不封給德川家以外的人，可見吉保受寵的程度，他和德川綱吉一樣是雙性戀，既與將軍燕好，又娶妻生子，成家的方式可謂相當多元。

而吉保在德川綱吉死後，因為意識到自己可能會被清算，所以急流勇退。

從倫理的角度看，柳澤吉保可能是個佞臣，既愛男色又愛女色。以傳統中國歷史學家的角度來看，因道德風紀關乎國家治亂興衰，所以會認為他是亂臣賊子。

但如果從文藝史的角度看，柳澤吉保無疑是江戶時代重要的文學家、藝術家和儒學家。以下細說。

2 江戶的文藝復興

德川家康統一天下後，定都江戶，希望營造萬世之都，當時的江戶是政治上的中心，但說起哪裡才是文化的中心，大家心目中想的還是天皇的京都。而柳澤吉保的理想是結合政治與文化的中心。

德川綱吉之所以和吉保如此親近，除了情欲上的關係，還是相知相惜的夥伴，一同推動江戶的文化和藝術活動。對於日本文人而言，傳統文學中的精神主要表現在《古今和歌集》和《源氏物語》中，皆以京都為舞臺。對這兩本經典的研究、演繹和模仿，是一代代文人對經典的致敬。而德川綱吉和柳澤吉保將當時一流的文化人從京都請來江戶，附庸風雅、吟詩做對，可見其企圖。

元祿時代，天下太平、經濟富庶，為文化復興提供了相當優渥的種子，而文藝的新時代從研究文學經典著手，開始了一個被文藝史家島內景二稱為「元祿文藝復興」的時代。

《古今和歌集》和《源氏物語》都以京都為背景，而當時江戶的文人要想像古代的場景時，不能沒有一個新的地點、一個理想中的庭園，寄情其中。柳澤吉保後半生隱居，不過問政事，寄情於庭園、藝術和學問。六義園就是德川綱吉賜給柳澤吉保的庭園。元祿八年，德川綱吉從舊加賀藩的手上得到這塊兩萬七千坪的土地，經過七年整修，引進千川上水，並依據庭園的需要堆築山丘或挖掘池水，構築成回遊式庭園（註2）的景觀。六義園的中心就是大片池水，池水中心的島為紀州（和歌山縣）「和歌の浦」之景，為《古今和歌集》和《萬葉集》所吟詠。

六義園的名稱源自《詩經》的分類方式，風、雅、頌、賦、比、興六義，《古今和歌集》也採用此六種形態，稱為「和歌的六義」和「和歌的六體」。熟悉日文的朋友一定知道日文分為音讀和訓讀，前者為漢字傳入日本時的發音，後者則維持日文的音，但使用漢字表示，「六義」的訓讀是「むくさのその」，而音讀則是「りくぎ」，兩者的差別在哪呢？

柳澤吉保的《六義園記》使用的是訓讀，強調「六義園」於和歌上的傳承、於日本文藝的傳統，而非借用中國文學。從六義園的造景就可以看到這樣的傾向。園中八十八景都按照和歌所造，像渡月橋、玉藻磯、宜春亭、枕流亭、吟花亭、千鳥橋等都有典故，且具詩意。

3 秋夜的風雅

從江戶到東京，在時代的淘洗中，很多名勝古蹟和日式庭園已不復存在。僅剩的一些知名庭園不僅是「都市之肺」，提供休閒和生態上的遊憩功能，還有文化和歷史上的意涵。除了我提到的六義園，另外還有小石川後樂園、向島百花園等江戶時代留下來的庭園，讓現代人一睹以往文人的風雅。

秋日的六義園有夜楓可以欣賞，「楓葉和大名庭園的點燈」（紅葉と大名庭園のライトアップ）已經成為近來東京兼具時尚和古典風情的活動。

東京或許是因為較其他地方溫暖的關係，楓葉來得晚，可以維持到十二月初。記得一次，我從山手線的駒込車站出來，秋日晚上的微風吹來，附近就是古意的六義園，我看見門口排滿準備欣賞夜楓的人潮，似乎大部分都是情侶。賞楓本來就是浪漫的事，夜楓更令人醉心。

我在加拿大住了許久，從這個楓葉之國來的我對於楓葉應該不覺得特別，但是日本的楓葉有種特殊的美，比起加拿大的楓葉，顯得秀麗、靈氣，展現出日式的「楓情」。

楓葉在初秋、中秋和深秋都有不同的美感，在一天的不同時刻也有各自的美，我羨慕日本人可以在夜間賞楓，透過燈光、池水，一睹楓葉晚上的姿態。

六義園的夜楓更具風雅，使得夜晚的東京不只燈紅酒綠，更可以在古代文士的庭園中，感受古今交錯的情懷。

圖1-9

六義園一隅

圖1-10

六義園的夜楓盛景

六、江戶的結界：日光東照宮

穿三泉，下銅而致槨，宮觀百官奇器珍怪徙藏滿之。令匠作機弩矢，有所穿近者輒射之。以水銀為百川江河大海，機相灌輸，上具天文，下具地理。以人魚膏為燭，度不滅者久之。《史記・秦始皇本紀》

翻譯成白話是：「穿三泉而建的地宮，充滿華麗的陪葬品，有水銀川流的江河大海，有防止盜墓暗藏弓箭的精密機關，天花板裝飾著天文星象圖，地上模擬大一統的秦代疆域，還有用鯨魚油做成的長明燈，照亮整個地宮，燈火通明，長時間都不熄滅。」一家天下的帝王，其野心抱負之大，不是凡人之輩可以想像的。

秦始皇統一天下，將當時的世界視為自己的家園，將自身的想法付諸實行——長城、馳道、統一度量衡、文字等。即使是死後的世界，他也不放過，他想將地上的世界搬進地下，統御人間，也掌握神靈。

1 天下就是我家

有野心的統治者不只秦始皇，只是他將野心推到了極端，無可避免地成為眾矢之的。歷史雖然已經成為過去，但仍然留下了痕跡，讓觀者感受到統治者的野心。

我在二〇一六年到了日本東北的日光，參觀德川家康的家廟東照宮，當時震懾於其金碧輝煌與精雕細琢的建築。除了美學上的感動，我無法在以往的思考座標中，找到適當的參照。

直到今年，我在京都參觀第三代將軍德川家光所建的二条城，才對於東照宮有進一步的認識。二条城蓋在天子腳下的京都，離京都御所不過幾公尺，其規模之宏大足顯德川將軍的權力。雖然天皇因為血緣關係而無法被取代，但掌握實權的是德川家。

二条城除了規模宏大，也企圖以藝術形式呈現將軍的地位，由狩野派畫師所繪製的障壁畫，表明了將軍乃一國之主的實質權力。雖然德川將軍在兩百多年的統治中，並沒有到過二条城幾次，但二条城的存在讓人明白：權力不只是生前的展示，死後的精神、靈魂和儀式的世界，也歸德川將軍所掌控。

2 日光東照宮：守護江戶的陵寢

德川家康死後，被按照遺言放在駿府附近的久能山東照宮，一年之後改葬於栃木的日光山。家臣們在德川家康死後，討論如何彰顯他的偉大，如何以儀式將其神格化，並使德川家的權力永固。

德川家康選擇的兩個地點並非偶然：駿府的久能山與栃木的日光山，兩者都具有神聖的意涵。

久能山是德川家康最早的根據地，東照宮鄰近他退休後的居所駿府城，臨海的位置，居高望遠，有絕佳的景色。但他選擇此地的原因不只風景，久能山的山門面西，如果延伸一條直線出去，一百公里外就是三重的鳳來山寺，此地是家康的父母祈求藥師佛如來賜子之處，後來家康之母夢中見到藥師佛如來，也真的懷孕了。

這條線再往西就是家康的出生地岡崎城，再往西則是京都。久能山處在這條線的最東邊，在神道的信仰之中，東邊為神居之地，而廟門面西的久能山則將家康的出生、成長之地與京都聯結在一起。

3 野心構築出的建築

栃木的日光山如何與駿府的久能山聯繫在一起呢？

日光山為佛教天臺宗的重要聖地。德川家康與豐臣秀吉爭天下時，天臺宗佛教在關鍵時刻幫助家康奪得天下。江戶為德川幕府的根據地，我在序文提到日光山位於江戶北方的軸線上，北方為北極星閃耀之處，而從久能山拉出一條東北軸線，中間穿過富士山，與江戶北方的軸線交會之處即在日光山。（參考82頁圖）

日光，為天照大神之意，即日本天皇的始祖。將德川家康葬於此，明顯是想將此地變成日本的宗教聖地，徹底神格化德川家康的地位。從歷史的發展來說，德川幕府雖然嘗試取代天皇的權威，但始終無法遂其心願。對於日本人而言，皇室是唯一的，而將軍終究會離開歷史的舞臺。

日本皇室和德川將軍的地位與企圖，使得與兩者有關的藝術，有完全不同的風格。皇室的藝術呈現穩定、自然和協調；由將軍贊助的藝術則絢麗、誇張與大膽。

按照德川家康的遺囑：「在日光山建座供奉我的小祠堂，待我成仙為神，必將在此庇祐日本，守護和平。」而擴大東照宮規模的第三代將軍德川家光，其心態更是膨脹，想一展將軍的勢力。

在十七世紀早期同時間完成的代表性建築，除了東照宮，還有做為京都皇室別宮的桂離宮。研究日本庭園的專家布魯諾・陶特（Bruno Taut）說：

「桂離宮是日本最終、最高的建築的發光點。」

「這絕妙的藝術源泉無疑存在於冥想、凝思以及日本的禪學之中。」川端康成也同意布魯諾的看法，覺得桂離宮的簡潔宮門，附近開放著苔蘚之花，給人優美的印象。然而，東照宮做為將軍陵墓，是炫耀將軍成就的場所，其大量而精美的裝飾，從人力的運用上計算，需要工匠一百六十九萬的工作日，和助手們兩百八十三萬的工作日，兩者相加將近四百五十萬工作日。

從東照宮一進門的陽明門即可看到絢麗奪目的設計。陽明門高十一公尺、寬七公尺，整體顏色相當繁複，有黑、白、金、紅、藍綠、青藍等色。門本身並不高大雄偉，其特色在於五百零八件的雕刻。門上的雕刻複雜細緻，有祥瑞象徵的龍、麒麟、龍馬等中國動物。門正面有孔子、周公等畫像，呈現有中國文化意涵的歷史故事，顯示將軍按照儒家的精神統治天下；而背面的畫像則是道家仙人，有期望將軍能夠永生的隱喻。

當時負責總設計的是御用藝術家狩野探幽，以及他所領導的狩野派畫師。在設計上，採用日本特殊的工藝美術，包括漆塗、箔押和蒔繪等，這幾種工藝美術都和漆器以及金箔相關。所謂的箔押是先在漆板上打好底，接著上漆、貼金箔，設計圖稿之後彩繪；而蒔繪則是在漆器的表面以漆裝飾圖樣或文字，接著再以金、銀等金屬色粉上色。由於漆器本身光亮，所以將金、銀色澤的圖案加諸其上，會呈現出一種厚重穩定的美感。

東照宮雖然是陵寢，但不只為了給死者安息與平靜，德川家的子孫、轄下的大名諸侯都必須經常來參拜，奉上供品，顯示順從。

參拜時，只有位階最高的武士才能從陽明門進入，進出時，透過雕刻以及視覺所見，使得眾大名都感受到德川家的權勢。在江戶時代，一般人只能站在陽明門外，能進入陽明門的只有重要的諸侯，陽明門之後的唐門只限更少數的重要家臣進出，因之唐門的雕刻比陽明門來說，遜色了一點。

唐門的形制與陽明門相同，都是四方軒唐破風屋簷樣式，青銅色的屋瓦顯得有點古樸，門上的裝飾也是有儒家色彩的歷史故事。較具特色的是兩側的梁柱，白色的柱面搭配黑色龍飾，左側為降龍柱，右側則為昇龍柱。進入唐門之後，是祭祀的正殿。

4 退出歷史舞臺的德川家

在德川家康統一天下後，日光山具備的象徵地位維持了兩百多年，將軍在此地打造足以與伊勢神宮相抗衡的宗教中心，在死後的世界管理著天下，企圖超越天皇，成為真龍天子。

當德川幕府無法因應世界的新局勢，退出歷史舞臺，東照宮的建築沒有傾倒、毀壞，彷彿發出如孔尚任的哀嘆：「眼看他起高樓，眼看他宴賓客，眼看他樓塌了。這青苔碧瓦堆，俺曾睡風流覺，將五十年興亡看飽。」

日本人似乎有著某種懷舊心態，往往讓不同時代的遺跡並陳，在現代與歷史中一起活著。

圖1-11

東照宮

圖1-12

東照宮陽明門

一

註2回游式庭園：通常在庭園中心建造一個大水池，有幾條散步道圍繞池邊，邊上有假山，池塘中有小島、橋、涼亭、點景石等，希望再現日本各地名勝。這樣的設計被視為日本庭園設計集大成者。

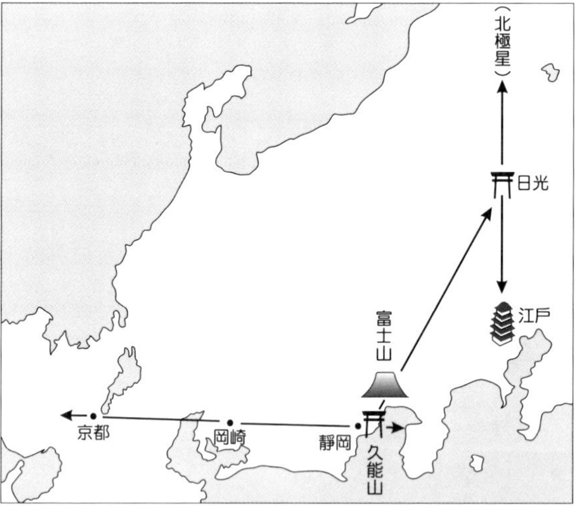

第二章 東京的象徵

一、東京的中心：富士山

二〇一三年六月，聯合國教科文組織（UNESCO）世界遺產委員會將富士山列為世界文化遺產的名單之一，為日本的第十七項世界遺產。對我來說，驚訝的不是富士山終於入選，而是怎麼到現在才進入世界遺產的名單之一呢？

如果要找出日本文化的最佳象徵，富士山無疑是最好的一個。

富士山不僅是一座山、一座美麗的山、也是朝拜的聖地、信仰的中心、文化的原鄉、藝術家與作家的靈感泉源。聯合國教科文組織就是將富士山紀錄為「信仰的對象和藝術的泉源」。

1 信仰的對象和藝術的泉源

做為信仰對象的富士山，不只屬於宗教範疇，它是根深蒂固存在於日本人心中的深層文化心態，這種心態甚至形塑江戶與東京的城市景觀。

如果我說東京的文化、信仰中心不在東京內，而是遠在一百公里外的富士山，或許有些人會覺得不可思議。然而這就是東京的實相。從幕府時代的江戶到現在的東京，日本文化不變的中心就是富士山，我無法在中華文明當中找到類似的例子，這反映出日本文化的特殊性之一。

在東京有些地名源自江戶時代，像是「山手」與「下町」。「山手」和「下町」一開始指的是城市地形高、低的不同，而貴族住在地形高的小丘陵「山手」上，平民則住在小丘陵間的谷地「下町」。而在東京常見的地名，像是「富士見」或是「富士坂」，就是可以見到富士山的丘陵或是長坡。

知名的建築史家陣內秀信曾經對十九世紀江戶城地圖做過詳盡的研究，地圖上展示了熱鬧擁擠的「下町」和在「山手」臺地上的貴族宅邸。地圖中做為背景的幾乎都是富士山，不求比例縮放正確，那代表神聖性的存在，故異常地巨大，彷彿是江戶的守護者。

2 遠心力：江戶的城市空間

陣內秀信在《東京：空間人類學》（東京の空間人類学）這本書中指出西方城市與江戶的不同。他認為江戶的中心不在城市之中，而在富士山和東京灣的軸線之上，這條線決定了江戶的城市空間，一種被陣內秀信稱為「遠心力」的力量。

日本古代最重要的兩個城市：京都和奈良，兩者都在模仿中國城市的基礎和思想上建造而成，根據青龍、白虎、朱雀和玄武等四方的觀念，參照長安、洛陽的設計。然而，江戶則不一樣，它的基準點和中心在富士山，從當時的地圖可以很明顯地看到這樣的思維——將軍的「御城」是得面向富士山的。敬天畏人，富士山成為神聖的象徵、崇拜的對象、文化的中心點。

崇拜山岳是日本傳統宗教「修驗道」的中心思維，而實踐是修驗道的重心，其中的「入峰」修行是在前輩修行者的帶領下進入靈山。日文就有「山伏」一詞，指的是隱居山林之人，入山修練遵循一定的方式，以達成身心清淨的目標。

從紀錄來看，富士山從平安時期（九世紀）就是許多民眾的信仰。崇拜富士山的其中一個原因，是因為它是一座活動的火山，人們懼怕它噴發，所以為了鎮住富士山，就在其山腳建立了淺間神社（約十二世紀中期以後，富士山噴發不再那麼活躍）。日本傳統的山岳信仰漸漸與佛教、密教結合，將富士山做為朝拜的對象，後來連一般老百姓也加入參拜的行列。從室町時代末期（十六世紀）留下的〈絹本著色富士曼荼羅圖〉就可以看到參拜富士的隊伍。

3 海上遠觀的富士山

除了宗教上的神聖性，富士山的美也造就了大量的藝術作品。

江戶時代最有名的作品就是葛飾北齋的〈富嶽三十六景〉。葛飾北齋花了將近十年時間，畫出富士山三十六種不同角度的樣貌，不僅成就其個人藝術上的高峰，也造就了日本藝術的里程碑。其中最有名的就是〈凱風快晴〉和〈神奈川沖浪裏〉，這兩幅圖的構圖和用色都堪稱浮世繪的最高傑作。第一章已經提及。

葛飾北齋的畫作不只影響日本，早在十九世紀，他的畫作就東傳到荷蘭，使梵谷大為激賞。除此之外，富士山的畫作也成為西方人想像「東方」的一個重要元素。

〈神奈川沖浪裏〉一直是我十分喜歡的畫作，從海上遠望富士，可以觀其美麗的線條，也可以欣賞海景。我在二〇一三年底的日本行，選擇了從海上觀看富士山的最好辦法——搭駿河灣渡輪。

從海上遠觀富士，其形狀與弧線讓它很容易與周邊的山區隔出來，使人體會富士山之所以神聖的理由。那種美非人為造作可以形成，是只有自然的神來之筆才得以造就的完美。

駿河灣渡輪從靜岡的清水港到伊豆半島的土肥港，而駿河灣的「三保松原」是一座半島，其上綿延的海灘長達七公里，超過五萬四千棵的松樹更是美不勝收的景觀。浮世繪大師歌川廣重的〈駿河三保のまつ原〉即以此為背景，漸層的用色，完美的構圖，將富士山與駿河灣的比例切割得恰到好處。

日本花費了二十一年的時間，爭取將富士山列為世界文化遺產，對於日本人而言，這是一項全民運動，也是凝聚大家認同的活動。當富士山登錄世界遺產的那一刻，它不僅是日本人的富士山，也是全世界的富士山。

圖2-1

海上遠望富士山

二、東京的玄關：百年車站與街道的歷史記憶

或許由於東京的交通系統太過複雜，從外地進入東京的第一站往往不是東京車站。外國人從成田機場或是羽田機場進入東京，在上野、日暮里或是品川就可以順著山手線等地下鐵系統，到想去的目的地。日本國內的旅客要從東北、上越或是長野進入東京，也是在上野轉乘其他列車；東海道的旅客則在品川車站轉乘。

現在東京車站每天出入的旅客不一定有新宿、池袋等大站來得多，但是東京車站的意義不只在於交通，還在於文化、歷史和象徵的意義。

1 現代化的象徵：東京車站

從東京車站出來，可以感受到日本現代化的歷程，雖然說是現代化，但從明治維新至今，也已經一個半世紀了，現代化也成了歷史的一部分。而在東京車站及其周邊

的「丸之內」，可以看到明治時代傳入的倫敦建築風格和大正時代的紐約建築風格。「丸之內」指的是由東京車站到皇居之間的這段街區，主要從一丁目到三丁目，而東京車站前方的東西向道路是「行幸通」，是天皇從皇居出來到東京車站的這段路。

在二〇一二年的十月一日，以紅色磚瓦（赤レンガ）建築而成的東京車站，結束復原的工事，以一百年前開幕時的風采重現於世人眼前。二〇一四年是東京車站開業一百周年。從明治時代以來，朝著現代化道路邁進的日本，大量建設鐵路，面對皇宮的東京車站像是日本走進現代的玄關，是重要的象徵。

2 丸之內

東京車站所在的「丸之內」，從德川幕府到近代歷史，其地位等同於「京畿重地」。雖然歷經歲月淘洗，但是尊重文化和歷史的日本人，仍希望車站盡量復原現代化初期的樣貌。

城市的發展有其延續性，「丸之內」這塊區域也是如此。其得名來自江戶時代，當時有兩重護城河，處於護城河之間的就是「丸之內」，主要是武家諸侯的宅邸。明治維新後，天皇從京都移居江戶，江戶成為現在的東京。由於當時國家剛剛統一，兵事倥傯，所以「丸之內」包含很多的兵舍和官廳，像是海軍省、陸軍省和練兵場。

當日本逐漸走向現代國家的道路，為了東京的現代化，明治二十一年（一八八八年），東京市區的都市計畫通過，決定釋放「丸之內」的土地，開放民間購買，而三菱集團的創辦人岩崎彌之助（一八五一年～一九〇八年）就買了八萬四千坪土地。

3 倫敦風的東京

江戶時代，東京大部分的建築都是木造的日式房子，很容易引起大火。岩崎彌之助委託從倫敦來的建築師 Josiah Conder（一八五二年～一九二〇年）計畫「丸之內」。Josiah Conder 可以說是日本近代建築之父，畢業於倫敦大學，師從十九世紀英國歌德建築大師 William Burges，Burges，堪稱維多利亞時代英國最重要的建築師之一。Josiah Conder 一開始應聘於工部大學校，即後來的東京大學工學部，所教育的弟子建構了整個日本近代的建築景觀。像是設計東京車站和日本銀行本店的辰野金吾、設計京都國立博物館和奈良國立博物館的片山東雄。

Josiah Conder在明治二十七年（一八九四年）完成三菱最早的辦公大樓三菱一號館、二號館和三號館，其後「丸之內」一丁目蓋好的辦公大樓也仿造當時的英國風，故有「一丁倫敦」的說法。Josiah Conder確定了「丸之內」整體的風格，為了使市街沒有嚴重的壓迫感，當時的建築物規定在十五公尺的高度。

Josiah Conder將一生奉獻給日本近代的建築，居住在日本的四十三年期間，只回去英國一次。他娶了日本太太，並對日本文化有濃厚的興趣，曾向浮世繪大師河鍋曉齋（一八三一年～一八八九年）學習日本畫。

4 紐約風的東京

從明治走進了大正、昭和時期，日本進入了二十世紀，東京車站在一九一四年開幕，為了天皇出巡的「行幸通」也開通，七十二公尺寬的道路直通皇居外苑，路上的辦公大樓一棟一棟蓋了起來，包括：東京銀行集會所、日本工業俱樂部會館、東京海上大樓、日本郵船大樓，帶來當時美國紐約的建築風格，故有「一丁紐約」的說法。

「丸之內」做為東京的中心，而東京車站可以說是「丸之內」的顏面，由此形塑空間的整體感覺。東京車站的設計者辰野金吾是Josiah Conder的弟子，他同時也設計了位於「丸之內」的日本銀行總部。

5 東京車站的保存

東京車站做為東京現代化的先驅，改變了傳統的木造建築，使用文藝復興樣式的紅色煉瓦，而煉瓦則採用英國的製造方式。

剛開始的東京車站只有四條線路，日俄戰爭之後，於皇居正面開始建設。車站在關東大地震中沒什麼損傷，但在二次世界大戰的空襲所導致的火災中，屋頂被燒毀，但幸好基本骨架、造型和結構都還完好。

隨著戰後的發展，東京車站原來的面積雖然沒有增加，但鐵道與地下鐵的發展，到現在已經有三・六個東京巨蛋大小、十八萬二千平方公尺、二十八個月臺，是一個一天發出三千七百列火車的超大型車站。

日本人面對東京車站的擴張，不是拆除舊有的車站建築，蓋起更大、更新穎的車站，而是選擇在不破壞主體造型的狀況下，往地下發展。面對完成將近一百年的車站，日本人選擇的是加強結構，並努力使用原有的工法、原料和技術來保存。

從東京車站走出來，俯拾即是一百年前的痕跡，這些痕跡歷經歲月，不見其風霜，原因在於「丸之內」的保存運動。

6 保存與繼承街道的記憶

平成二十一年（二〇〇九年），日本最早的洋風辦公大樓三菱一號館復原完成。原本在一九六八年因為建築老舊而解體的三菱一號館，為什麼要重新復原呢？是為了保存與繼承「街的記憶」，而日本人對於街的記憶是什麼呢？

昭和四十三年（一九六八年），明治維新一百周年，三菱集團將三菱一號館拆除。同年四月，隨著「丸之內」建築高度限制解禁，三井不動產完成了一百五十六公尺的霞之關大樓（霞ヶ関ビル）。

一九六八年時，社會整體的氛圍覺得三菱一號館「陳腐化、老朽化」，需要透過超高層大樓來再生「丸之內」的都市空間。當時正面臨日本戰後的經濟高度成長期，需要超高層大樓來搭配。然而，當大樓一棟一棟蓋了起來，才發現發展並不是硬道理，街角的記憶、城市的過去都是人與建築和景觀之間的對話、都是生活的回憶。九〇年代至今的日本人，在泡沫經濟的影響下，開始思考發展的方式，那不是斬斷過去、蓋起高樓，而是人與生活空間的相處，並且繼承街角與城市的記憶。

一八九四年完成的三菱一號館，是日本最早的洋風大樓之一，其後「丸之內」商業街從這個起點開始，構成了整個街區的風格。最後，回到原點、找尋記憶的源頭，三菱嘗試將解體的大樓蓋回來，平成十六年（二〇〇四年），使用原有的設計圖、實測圖以及當初剩下的材料，嘗試以原有的煉瓦工法和製作技術重建三菱一號館。過去的記憶雖然無法回復，但是透過街區的營造，我們能瞭解城市的過去；透過歷史與現在的對話，能瞭解城市的層次。

圖2-2

東京車站

圖2-3

夜晚的東京車站

三、天皇東遷的居所：皇居與東京

羅蘭・巴特（Roland Barthes）曾經在〈空洞的市中心〉（Centre-Ville, Centre Vide）一文中提到東京：

> 它的確有一個市中心，但這個中心卻是空的。整個都市圍繞著一個既禁閉且無人關注的地方，這個居所綠蔭掩蔽，護城河保護著它，天皇居住於此，無人看得見，也就是說，照字面來看，我們不知道誰住在裡面……（東京）的中心僅僅是個草率的概念，其存在不是為了炫耀權力，而是為了讓所有都市活動能夠去支撐那種空無的中心特性。（中文翻譯來自《符號帝國》，江灝譯，麥田出版社）

羅蘭・巴特雖然擅長透過符號和概念認識世界，但對於東京的理解卻缺乏歷史和社會發展的面向，僅留在表面的層次。皇居在東京的城市發展上不是「空洞的」，反而填滿了各種想像，盈滿著日本人對於國家、民族、天皇和歷史的記憶與象徵，他們透過這個空間，在現實政治與傳統間不斷地拉扯、對話和妥協。

1 天皇在東京的住所

現在天皇的住所稱為皇居，但二次世界大戰之前稱為「宮城」。公元七九四年，天皇居處從奈良遷到京都御所，超過一千年沒有改變。但江戶時代末期，當時提倡「大政復古」，要改變七百年來武士控制朝政的狀態，讓權力重新為天皇所掌握。

明治天皇在一八六八年決定遷都江戶，改名東京，做為京都的對照，皇居就設在以往的江戶城裡，隔年東京城也就稱為「皇城」。以往舊的江戶城裡，德川將軍還有隨行人員都在其中生活，然而一八七二年的大火將居住空間和庭院燒毀大半，天皇只能在赤坂離宮中生活十年，招待外國人的地方則在明治時代所建的迎賓館。

隨著明治政府成立，新宮殿也落成，大量的行政機關設立在東京的霞之關。為了迎接新時代，建造新宮殿耗費將近四百萬日圓，占當年度國家總預算的百分之五。建築採「和洋折衷」，外面的宮殿，也就是接待外賓之處，日常用來宴會、舞會，格局是西式宴會場，但天花板採用和風的花紋，並且裝飾日本傳統的漆工、金工和織物。內宮則是和風木造的平房，較符合天皇的生活型態。

雖然明治天皇被認為是「神」，宮城必須保持神祕感和權威性，但一般人都可以透過申請進入參觀，這多少是因為新宮殿花費的金額太多，有將近一〇％的費用是民眾自發性的捐款。為了表示政府的感謝之意，便希望透過參觀，讓民眾知道錢花在哪裡。除此之外，師範學校的學生、老師，或是貴族院和眾議院的議員、軍隊相關人士，可以組團參觀。

從明治時代到大正時代，參觀宮城的人數更多，政府多少是想利用這樣的方法，讓來參觀的人回到各地方後，宣揚天皇的恩澤，達成宣傳效果。

然而，大正末期由於傳染病的問題，人來人往容易造成集體傳染，曾經終止參觀宮城的活動。其後日本發動太平洋戰爭，當時有所謂的「遙拜宮城」儀式。「遙拜」是對神和佛的行為，遙拜宮城是將天皇神格化，當時在各地的日本人，例如朝鮮、滿州、臺灣、東南亞，會在同樣的時間對著宮城的方向遙拜，成為一種共同習慣。

2 占領下的皇居

然而，即使是神的居所也會遭到轟炸，一九四五年的東京大空襲，各地陷入一片火海，皇居也遭火勢波及，明治時代所蓋的宮殿幾乎全毀。同年八月，美軍在廣島和長崎投下兩顆原子彈，結束了戰爭。皇居如何從廢墟走向戰後，不僅關係皇居存在的空間，也關係日本人在戰後如何看待天皇。

如何定位天皇和皇居的空間象徵息息相關。戰後在美國占領與主導下的日本，訂定了所謂的《和平憲法》，防止軍國主義復辟。天皇在戰後的形象成為「文化的象徵」。相較於戰前的「神格化」，戰後的天皇也要跟著「民主化」，走親民的路線，爭取民眾支持。

戰爭結束不久，廢墟中的皇居尚未重建，就有人討論皇居是否該遷移？日本是否要遷都？天皇的弟弟高松宮認為首都可以遷到奈良，主要的原因在於要回歸古代，脫離明治時代軍國主義的形象；也有人提議回歸京都，遠離政治中心。

還都京都的說法也有來自民間的支持，曾經擔任名古屋市長的小林橘川就主張應該回歸近代以前的政治景觀，讓天皇成為象徵的存在，脫離東京的政治中心。他認為近代憲法制定後，日本成為了窮兵黷武的國家，為了要返回以往的和平，必須遷都回京都。

想要遷都的人士多半認為戰前的軍國主義並不是日本歷史的正常發展，返回京都可以讓天皇成為日本文化的象徵，許多人也認為日本近代的發展是錯誤的，必須懺悔。

3 皇居現址重建或遷移？

相較於遷都的說法，有一派人士認為皇居應該留在東京。戰敗隔年，東京都的復興計畫提出，將皇居也納入其中，計畫將舊皇居的一部分規畫成公園，並設立美術館、音樂廳和國家的劇院，讓皇居附近成為「文化和平國家」的象徵。

以往的皇居稱為宮城，過於有權威感，一般民眾無法親近，多少讓人想起防禦和進攻的歷史記憶，也有充斥著武士的感覺。隨著《和平憲法》實施，皇居就是天皇的居所，廢除宮城之稱。在新的體制下，將皇居周邊規畫成國民可以參與活動的場所。

隨著戰後東京逐漸復原，天皇與國民互動的機會增多，透過開放皇居，讓國民得以親近皇室的生活。一九四七年，開始開放團體參訪，隔年開放一般國民在特定的日子參訪。

昭和二十三年（一九四八年）的元旦和天長節都有超過三十萬人到皇居參賀，顯見天皇在國民心中的地位，並沒有因為戰爭的關係而改變，而天皇和皇居在戰後仍有它的生命力，持續在日本社會維持著形象。

既然新憲法確立日本仍然維持天皇制，國民也認為天皇是國家的象徵。在此憲法下，皇室不能高高在上。一九五八年，明仁皇太子與正田美智子結婚，是皇室歷史上第一次與平民通婚，當時媒體大加報導，造成狂熱的議題。

國家重要的儀式都需要天皇，如果缺乏適合的場所，便無法維持這些儀式。建設新皇居時，在新憲法架構下，宮內廳召開了很多次公聽會。不是所有人都贊成在東京修築皇居，其中最激烈的是住宅公團的總裁加納久朗，他提倡要開放皇居，認為皇居是多餘的、是封建專制的象徵，不應該在戰後的民主國家中存在。

從都市的發展角度來說，皇居對於東京的城市計畫也相當不利，因為它坐落在城市的中央，使得道路、地鐵都必須繞道而行，所以有人認為最好將皇居遷離東京。至於遷離的地點，也引發很多人討論，作家吉川英治覺得搬到多摩丘陵，有的認為到富士山麓，還有三浦半島、京都御所……各式各樣的地點。

然而，也有很多人反對皇居遷移，像是西武鐵道的創辦人堤康次郎、道路公團的總裁岸道三，認為皇居對於都市發展沒有什麼不良之處，而且如果覺得礙事就遷移皇居，是不尊重日本傳統和文化的表現。經過一連串討論後，皇居還是維持在原址。

一九六〇年，由丹下健三和村野藤吾等專家提供建議，他們認為明治時代的宮殿強調「威嚴主義」，不符合時代的精神，新的皇居必須符合日本天皇制的傳統，同時又要是現代建築，符合當下象徵天皇制的精神。

4 上皇要住哪？

新的皇居完成於昭和四十三年（一九六八年），昭和天皇駕崩後，現在的明仁天

圖2-4

皇居一景

皇居住於其中。然而，年事已高的天皇在最近丟下了一顆震撼彈，因為身體的關係，無法履行天皇的義務，他表明「生前退位」的意願。今年日本參議院通過特別法，允許明仁天皇退位，由皇太子繼位，現任天皇將稱為「上皇」。

兩個天皇都要住在皇居當中嗎？引發日本民眾的熱議，京都的民眾也很關心，有意邀請「上皇」至京都。京都市長門川大作最近提出「雙京構想」，希望將皇室的部分成員遷至京都，皇室的典禮和活動可以在京都舉行。

退位的天皇不一定會搬到京都，但由此可以看出，皇居的象徵牽動整個國家的文化與傳統，還有日本人對於歷史的想像。不管是過去神格化的天皇，或是現在民主化的天皇，東京的皇居不是羅蘭·巴特所說的「空洞」，相反的，充滿想像和記憶，也乘載著過多的歷史——既要象徵民主化時代的皇室，同時承載著軍國主義遺留的歷史。皇族除了必須在大眾前展示家庭關係，還要順應時代潮流，顧及國民的情感。

四、東京的人造森林：明治神宮

日本新年最重要的活動就是到神社參拜。日文中的「初詣」（はつもうで），也稱為「初參」，指新年（初一到初三）第一次到神社或寺廟參拜，感謝神靈們對於過去一年的保護，也希望新的一年順利平安。「初詣」人潮最多的地方是東京的明治神宮，每年正月的頭三天就有將近三百萬以上的參拜者，在日本神社中首屈一指。

過農曆年到明治神宮初詣，並不是很久遠的傳統，甚至看似古樸的明治神宮，其歷史也不到百年，它的建造是一段「傳統」與「現代」的對話，是日本現代化的一部分，而臺灣也參與其中。

1 鋼筋水泥中的原始林

從山手線的原宿站出來，是東京年輕人的流行聖地，往前走一點則是表參道，聚集高級時尚品牌的青山地區，有許多由知名建築師設計的大樓。

廣達七十萬平方公尺的明治神宮，面積將近三個臺北大安森林公園大小，整片森林在寸土寸金的東京市中心成為奢侈的存在。在人口多達一千兩百百萬人的東京，明治神宮茂密的森林成為都市人舒展身心的場所，不僅是市民參拜的地點，還成為類似公園的空間。

令人驚訝的是，在二十世紀初期，這座森林並不存在。從記載看，這裡有一株巨大的樅樹，長在大名彥根藩的宅邸之中，十分有靈氣，根部的洞穴充滿著從樹上滴下的靈水，聽說對於治療眼疾很有功效。這株樅樹不知生長了多少年、歷經多少代，枯死之後又復生，成為地名「代代木」的由來。

不只明治神宮的森林，明治神宮一直到今天青山一帶的「神宮外苑」，也是現代化過程的創造。那裡是一處類似公園的區域，週日往往聚集大量人潮。秋天時，外苑的銀杏並木處，是賞黃葉的最佳去處。

除此之外，外苑還包含霞之丘競技場、神宮外苑球場、聖德繪畫紀念館等，都是由屬於「宗教法人」的明治神宮管理局所經營。

從明治神宮的歷史可以看到日本人如何思考自身的「傳統」與「現代」，兩者並不是矛盾與對立的，而是並行，共同撐起了日本現代的文化。

2 明治天皇駕崩

一九一二年的夏天，中華民國剛成立不久，東亞世界的島國也不平靜，即位四十五年的明治天皇駕崩了。日本歷史上有超過百位天皇，所以崩了一位也不是什麼新聞。但是，明治天皇駕崩可不一樣，是「真的新聞」。從明治維新開始，大量的現代設施與文化傳入日本，媒體與新聞報紙等現代性傳播媒介開始成為日常生活的一部分。明治末年，媒體文化已經發展到一定的成熟度。

天皇駕崩成為當時媒體第一次處理的重大問題。媒體很謹慎，政府也相當緊張，因為這是第一次立憲君主駕崩。在舊體制中，天皇近於神，一般民眾雖然知道有天皇的存在，卻見不到。但在立憲君主制下，一君萬民，天皇成為國家的領導人，必須透過公開地「展示」，拉近與民眾的距離，讓民眾感覺到天皇的存在。

3 天皇要怎麼紀念？

天皇死後，以東京市長阪谷芳郎為首，提出將明治天皇葬在東京的陳情，指出這是全體東京人的願望。

明治維新之後天皇東遷，以東京為首都。但是，京都出身的明治天皇曾經表達駕崩後想回葬故土的意願，因此他的皇陵選擇京都的伏見桃山。

天皇陵無法設置在東京，但是東京民眾對於明治天皇有異常的感情，因為明治維新就是以東京為中心的國家統一運動，日本也因此進入現代化。不管是帝國憲法的制定、帝國議會的開議，或是發布教育敕令，在在都是奠定近代日本發展的基礎，而且更在日俄戰爭之中打敗了俄國，成為世界強權。

以企業家澀澤榮一（一八四〇年～一九三一年）為首的請願運動，向政府提出明治神宮的紀念運動。但是，天皇要怎麼「紀念」呢？要如何讓後世瞭解明治天皇的偉大呢？

當時很多人參考西方國家的作法，提出了立銅像、博物館、美術館、公園、養育院、學校、發行郵票等「現代」的紀念方式，主張這些公共建築與紀念物可以宣揚明治天皇的聖德，永懷其功績。但是也有人覺得除了仿照西方作法，也必須尊重日本的「傳統」。明治維新確認了神道教是以天皇為主體的信仰，雖然國民有信仰的自由，但是信奉神道是國民的義務，所以公園、博物館、銅像無法彰顯日本的宗教儀式。

於是，在「傳統」與「現代」的兩種力量之下，東京商業會議發起一場由下而上的陳情，企業家和議員上書政府的「覺書」，提議將明治神宮分成內苑、外苑。此提議成了現在神宮內苑與神宮外苑的配置，前者是「神道」的體現，後者則是現代性建築。本來「外苑」是舉辦明治天皇即位五十周年的「日本大博覽會」場地，後來因為明治天皇駕崩而取消，原來參與博覽會的企業家轉而支持明治天皇的紀念事業。

國家與社會的力量共同在明治神宮的建造上展現出來，內苑的經費由政府負擔，外苑的建造費用則由民間「獻納金」集資而來。

4 象徵日本帝國的森林

神宮內苑成為了國家計畫性創造的信仰空間，從本來只有一株的「代代木」創造出廣闊的森林。對於日本人而言，森林具有宗教象徵，即使大規模工業化與現代化，目前日本國土仍然有七〇%的面積為森林所覆蓋。

神道認為萬事萬物皆有靈，自然的創造物背後都有其神性，森林及樹木所聚集之處就成為重要的信仰空間。

根據植物學家研究，明治神宮的樹木種類匯集了日本全國而來的三百多樣樹種，並不只是東京當地的樹種。在建造明治神宮的過程中，以「獻木」的運動為名，號召全國各地捐獻樹種，最後，這座森林移植了高達九萬株以上的樹木。

明治神宮不接受國外的樹種，必須是日本「國」內的。從樹種加以研究，就可以知道當時日本國的界線在哪裡，或是他們心目中國家的界線何在。明治神宮除了有我們所知道的當代疆域，像是北海道、本州、四國、九州、沖繩等地的樹種之外，還包含了殖民地臺灣、朝鮮與關東州（中國東北及北京附近）的樹種。明治神宮的大鳥居就是以臺灣丹大山的扁柏所製，由此可見臺灣在其帝國之中的重要性。

透過樹種，我們可以知道明治神宮是日本帝國空間想像的具體展現，森林象徵著日本帝國的神聖領土，而坐落於森林中的神宮則是日本帝國的創建者、被神格化的明治天皇。

相較於具備宗教信仰空間的神宮內苑，外苑則是世俗化、現代化的公共空間，建立了西式的球場、紀念館、體育場、繪畫館，希望培養國民對現代化過程中引進的西方運動、繪畫和文化的興趣。

從神宮內苑到神宮外苑，具體說明了日本人在思考西方與東方、現代與傳統等課題時的複雜度。在現代化的過程之中，同時也為傳統立了神祖牌，尋找文化上的寄託、精神上的象徵，與宗教的憑依。

五、東京的代名詞：東京鐵塔

來吧，我們要建造一座城和一座塔，塔頂通天，要傳揚我們的名，免得我們分散在全地上。

《聖經》有個巴別塔的故事，當時人類的語言相同，溝通沒有障礙，但人類驕傲、自以為是，覺得自己可以與神平起平坐，想建一座通往天上的塔。上帝生氣了，讓人類說著不同的話，有了語言的隔閡，彼此無法溝通後，就無法再建巴別塔了。

建塔一直是人類自信與文明的象徵，即使《聖經》已經訓斥人類的驕傲，但當人類掌握技術文明後，仍對於「塔」有著執著的迷戀。「塔」從平地而起，向天空伸展，通往未知的藍天，象徵著人類科技的勝利，還有對於文明的投射與想像，期待未來會更好。

一八八九年，巴黎的艾菲爾鐵塔完工，當時的設計師艾菲爾認為人類的未來就居住在鋼筋所築的建築當中，所以鋼骨所造的鐵塔是一種對於未來文明的想像，也象徵近代文明的技術高點。此後鐵塔也變成巴黎的象徵，與巴黎的形象無法分離。

日本有座仿造艾菲爾鐵塔所蓋的東京鐵塔，這座通向天際的塔是日本技術與文明的成功，代表一個城市從破敗走向復興，同時也是愛情、親情與記憶的投射。

完成將近六十年的東京鐵塔，走過了一甲子，是東京的地標、是這座巨大城市無法分割的一部分。二〇〇五年上映的電影《Always 幸福三丁目》中的地點「夕日町三丁目」雖然不存在，但從電影中可以看到正在建設的東京鐵塔。當時處於二戰後高度經濟成長期，具體反映了東京當時的景象和社會發展，城市中大多是日式木造平房，窄小巷弄裡，認識的鄰居彼此幫忙，雞犬相聞，人際關係相當緊密。

電影中，堀北真希所飾演的六子，中學畢業後就從東北的老家來東京工作，由於經濟快速發展，勞工不足，當時有相當多的企業和工廠到鄉村尋找人力資源。日本國產製的汽車也在當時量產，六子就任職於大型汽車工廠。從電影可以看到一個快速變動的時代——一個雖然貧窮，但到處都是希望的時代，只要努力工作，就有可能改變未來。

電影的時代是一九五八年，隔年東京鐵塔竣工。最後一幕，大家看著即將完成的東京鐵塔，充滿著對於未來的希望，也象徵日本戰後的復興。

1 為什麼要蓋東京鐵塔？

位於港區芝公園四丁目的東京鐵塔，建設的目的是傳送電視訊號。二次戰後的日本開始製造電視，電視臺都有自己的電波塔，高度大約一百五十公尺左右，但只能傳送半徑七十公里左右的距離，因此大東京地區電波塔林立，破壞了景觀，再加上航空安全也受到影響，為了解決這些問題，各家電視臺共同出資興建東京鐵塔。

高度三百三十三公尺的東京鐵塔，竣工時是當時「世界第一」高的鐵塔。我們可以回到那個時代想像一下：一九四五年二次大戰結束，東京在戰爭末期遭遇大規模轟炸，連皇居都破損不堪，一般民居難以倖免。十三年之後，東京鐵塔完成時，雖然日本已經復原了一陣子，但整個東京幾乎都是平房或低矮的樓房，還看不到超高層的建築，所以東京鐵塔是富士山以外，東京最明顯的地標。

圖2-5

東京鐵塔

「世界第一」是很令人著迷的一個詞彙，當時日本逐漸走出饑荒、貧窮和殘破，走向復興、成長和富裕。國產的電視、冰箱和洗衣機，還有家電和汽車的製作技術都有所突破。在生產這些民生必需品的同時，國民所得也一直增加，讓每戶家庭都可以買進這些東西，享受新技術的發展。

昭和三十三年（一九五八年）東京鐵塔開始使用，除了有電視訊號的傳送功能，人們也可以登塔俯瞰東京。剛開幕時，排隊要登塔的人潮超過兩公里。開幕五年，已經有兩千萬人次參觀。然後，連怪獸也找上了它。

2 為什麼摩斯拉要攻擊東京鐵塔？

東京鐵塔雖然象徵了一個復興的時代，但也不是所有人都對新時代感到放心，怪獸摩斯拉本人就不開心。日本怪獸電影當中的酷斯拉（ゴジラ）或是摩斯拉（モスラ）都喜歡攻擊東京的知名地標，一定不會放過東京鐵塔。

第一個攻擊東京鐵塔的是摩斯拉不是哥吉拉，因為哥吉拉的第一部電影在一九五四年拍攝，當時東京鐵塔尚未完成。

摩斯拉的原著小說《發光妖精和摩斯拉》，並不是大眾小說，是純文學的作品，本來沒有打算開拍成電影，小說暗喻著當時美國和日本的關係。一九六〇年代大規模的群眾運動，圍繞著《美日安保條約》，日本雖然在《舊金山和約》後獲得獨立，但是安保條約讓美軍得以駐日，美國在日本的犯罪搜查也屬於美國人，日本沒有完全的司法權。所以當摩斯拉攻擊東京時，還得央求美軍出動戰機幫忙。

書中寫摩斯拉結繭的地點不是東京鐵塔，而是國會議事堂。小野俊太郎的《摩斯拉的精神史》指出，由於東京鐵塔象徵著電視時代的來臨，製作電影的東寶電影公司對於電視時代是有所恐懼的，害怕電影的票房大幅滑落，成為沒落的產業，因此電影版摩斯拉的頭號敵人就是東京鐵塔。

3 感情的地標

上塔俯瞰東京是一種感覺，但遠望東京鐵塔又是另外一種感覺。在經濟高度發展的年代，東京鐵塔的高度似乎代表著經濟景氣好轉，拔地而起的高塔象徵著樂觀向前。但在經濟景氣衰落的年代，可以看看鐵塔在夜晚散發出來的光芒，相當柔和，帶著溫暖，讓人平撫自己的情緒。

東京鐵塔也是愛情、小說、電視劇和電影中的隱喻。時代進入八〇年代，松任谷由實和角松敏生兩個歌手都曾謳歌東京鐵塔，前者有《手心中的東京鐵塔》，後者則有《Tokyo Tower》。東京鐵塔有著都會男女情感糾葛的記憶，充滿歡笑，但也有分離的悲傷，它被吟詠或書寫，成為意象更為豐富的地標。

從八〇年代走到新世紀，江國香織的《寂寞東京鐵塔》更是一開頭就說：「世界上最悲傷的景色，莫過於被雨淋溼的東京鐵塔。」這部小說的故事主軸是兩個十九歲男孩與已婚熟女的不倫戀情，相較於八〇年代的東京鐵塔帶有純純的愛，此時的東京鐵塔則充滿情欲，成了寂寞的投射物、回憶的傷心地。

寂寞的鐵塔，也有人視它為幸福的象徵，據說在半夜十二點看到鐵塔照明消失的情侶，會獲得幸福。在《島耕作》漫畫中，還把東京鐵塔當做一隻大蠟燭，半夜十二點將蠟燭吹熄，就進入幸福且充滿情欲的夜晚。

4 東京的代名詞

二〇〇五年出版的小說《東京鐵塔：老媽和我，有時還有老爸》是中川雅也自傳性質的小說，賣了超過兩百萬本，觸及了很多日本人的心，書中有一種離鄉背井到異地工作的鄉愁。

這本書的情節其實相當平凡，主角從小由媽媽單獨扶養長大，媽媽為了生活，在小吃店辛苦工作，雖然忙碌，但總是無微不至地照顧著孩子，不因為孩子不理想的成績而生氣。平凡的主角決定到東京闖一闖，想靠插畫和寫作在這個巨大的城市中討生活。當主角有點成績後，母親也來東京一起住，但卻發現罹患了胃癌，開始與病魔對抗。最後連主角想帶母親到東京鐵塔的願望也無法達成。小說中說東京鐵塔：

那像是陀螺的蕊，準準地插在正中央。插在東京的正中央、日本的正中央，插在我們夢想的正中央。我們聚集了過來。追求那未曾見過的燈光，被緊緊地吸引了過來。從故鄉坐火車一路搖晃著，心也搖晃著，就這麼地被拉過來。

天空樹在二〇一四年完成，取代東京鐵塔的功能，由日本電視、TBS、富士電視臺、朝日電視臺和東京電視臺共同出資，高度六百三十四公尺，將近東京鐵塔的兩倍。當電視的訊號完全移到天空樹之後，東京鐵塔喪失了本來的功能，但它永遠是一個城市的象徵、記憶的投射，伴隨著城市發展，存在於東京人的心目中。

六、繁榮的象徵：一九六四年東京奧運及其時代

《讀賣新聞》於二〇一一年舉行〈昭和時代的象徵〉民意調查，排名最高的不是第二次世界大戰，而是一九六四年的東京奧運。兩件事都是令人印象深刻的記憶，但美好的記憶總是較令人難忘。

日本是亞洲第一個舉辦奧運會的國家，今年是東京奧運舉辦的五十三周年紀念。從國際奧委會所公布的消息，確認了東京贏得二〇二〇年的奧運舉辦權，即將舉辦第二度的奧運，再度超越所有亞洲城市。

奧運從來就不只是運動盛事而已，而是民族自信心的投射、是國力興衰的表徵，同時也帶動經濟、社會與文化的成長。

一九四五年於廣島和長崎投下的兩顆原子彈，使得日本政府無條件投降，結束了第二次世界大戰。日本由美國託管長達七年的時間，直到一九五二年，日本政府才逐漸掌握重建的權力。

因為韓戰的關係，美軍將日本做為軍需供應的基地，加速了日本戰後的經濟成長。一九六〇年，擔任首相的池田勇人提出「國民所得倍增計畫」，在十年之間將GDP由十三兆日圓增加到二十六兆日圓。

「已不再是戰後了！」這句話在東京爭取到一九六四年奧運的前後幾年大為流行，不僅使用於經濟報告，也成為當時的流行用語，塑造一種意識形態。評論家中野好夫在《文藝春秋》發表〈已不再是戰後了〉一文，指出：「對於敗戰的教訓之反應，不論光明與黑暗……差不多是時候了，我們敗戰的傷痛必須以更沉潛的形式讓它活在未來。」把傷痛藏在心裡，並且以它為力量，走向未來，東京奧運就在這樣的時代氛圍中，拉開序幕。

1 代代木競技場

東京奧運的運動場館，最令人驚豔的就是由丹下健三（一九一三年～二〇〇五年）所設計的「代代木競技場」。由於以往亞洲的建築師沒有設計過如此大型的體育場館，對於日本建築師和結構設計的運算都是一大考驗。

丹下健三畢業於東京大學建築系，在日本戰後的建築家系譜中，與前川國男算是第一代；第二代則是一九二八年出生的槙文彥、菊竹清訓，一九三一年和一九三四年的磯崎新、黑川紀章，以及一九四一年出生的安藤忠雄和伊東豊雄。

出生於戰前的丹下健三，經歷過戰爭洗禮，在戰爭期間沒有什麼建築可供設計，於是進入東大研究所繼續進修，直到戰後才得以大顯身手。一九六四年東京奧運的主場館代代木競技場就是丹下健三的成名之作，當時他年逾五十，創造力和執行力都達到顛峰，搭配結構師坪井善勝，解決建築結構上的設計難題。

當時沒有電腦運算，代代木競技場最特殊的是，一百二十公尺長的空間中沒有落柱，為了展現出廣闊的空間感，以吊橋般的造型，創造出懸吊的大跨度空間結構。而外部則是渦形螺旋狀的流線建築。

丹下健三不單純是模仿國外，也從日本古代神社的圓型和豎穴式住居得到靈感，發揮高度想像力與創造力，結合建築材料，突破體育場的空間模式，既符合功能又有設計上的美感。代代木競技場堪稱劃時代的作品。這座體育館還得到國際奧委會

（IOC）的特別功勞獎，在奧運歷史上可說是空前絕後。

所有東京奧運的場館都在舉辦前一年陸續完成，甚至前一年的十月就舉辦體育週的活動，測試場館以及熟練運動賽事的進行，期望在正式比賽時零錯誤，具體地展現出日本人工作的細緻程度。

2 一系列的大型建設

東京奧運不只是運動會而已，日本一系列的大型建設計畫也隨之進行，像是東海道新幹線、名神高速公路、地下鐵系統。東海道新幹線在奧運開始之前的九天營運，是當時世界鐵路技術的重大突破，時速高達兩百公里的子彈列車為人類交通史奠定重要的里程碑。

戰後殘破的東京，鋪有柏油的路面只占三〇％，在奧運前夕則達到七〇％，環首都圈的高速公路也完工，這一時期所採用的高架道路，即使在今日仍是東京的都市景觀之一。

東京地鐵的路網也隨著奧運鋪設，為了方便旅客，從羽田機場通往市中心的單軌電車也與路網連接起來。相較於奧運花費的四億五千萬美元，大建設的資金超過六十四億美元，可見奧運所帶動的整體建設，加快了東京建設的速度。

3 如何招待外國人？

二〇〇八年，北京奧運之前推動了一系列「文明運動」：不隨便吐痰、不隨地大小便、文明過街、拾金不昧、排隊上車等。一九六四年的東京奧運也有類似的文明運動，透過奧運，加強垃圾的回收與街道的美化，並宣傳所謂的「禁止事項」，像是：在路上禁止飲酒、不隨便丟棄菸蒂、禁止隨地小便（日本人本來就不會隨地大便）、不在電車上大聲說話等。除了「禁止事項」，也希望民眾能熱情接待外國人，在比賽時保持風度，即使日本輸了也要熱情鼓掌。

透過奧運會的力量，當時到訪的外國人驚訝於日本人的國民素質。我們在上一次日本舉辦世足賽時，也見到日本人將球場中的垃圾都收拾乾淨。

4 聖火閃耀在每個人的心中

奧運前的兩個月，一場盛會的熱身就開始了，從希臘所點燃的聖火，在海外十二個城市巡迴之後，專機送抵日本。

當年奧運聖火也抵達臺北市區繞行，在以往的臺北市立體育場前仿照了一座毛公鼎，點燃聖火，這也是唯一一次奧運聖火入臺的紀錄。

日本的聖火傳遞從美軍占領下的沖繩開始，分成四路的跑者傳遞，跑者的年齡都在十六到二十歲之間，在大會當天抵達了東京，由早稻田大學的學生坂井義則點燃奧運的火焰。

選擇坂井的原因在於他出生於一九四五年八月六日，也就是廣島原子彈爆炸的那一天。所以，東京奧運也有走出戰爭，邁向和平與新時代的意味。三島由紀夫在當時寫下了〈結合東洋與西洋之火〉，文中提到：

他（坂井義則，最後的聖火傳遞者）右手將聖火高高舉起的時候，被那白煙圍繞的胸前的國旗，恐怕閃耀在每個人的眼中，這樣的感情並不誇張……國旗的顏色和形狀，在特別的瞬間好像有什麼喚醒我們心中的某樣東西。

喚醒的是埋藏在心中的敗戰記憶、喚醒的是民族的情感、喚醒的是一個新的時代就此降臨，「已不再是戰後了」！

一切準備就緒，一場日本人與國際的盛會在一九六四年十月十日開幕。據說開幕前幾天東京不是陰天就是雨天，但開幕當天卻陽光普照。帶著辦喜事的興奮心情，天皇裕仁、首相和國際奧委會主席在下午兩點宣布奧運會開始，共九十三個國家、超過五千名運動員參與競賽。

這次的奧運轉播是第一次的全球性轉播，美國當時所發射的「辛科姆」衛星，讓比賽可以同時在不同時區收看。

東京奧運的一百六十三枚金牌之中，日本得到十六金，比起前一次奧運多了十二枚，整體的名次排名第三。或許原因之一是奧運第一次將柔道納入比賽項目，光是這個項目，日本就得了三枚金牌。

5 東京奧運的社會與時代

奧運對於大多數日本人而言，都是一個美好的回憶，但這些大規模的建設與經濟成長也建立在某些不公平的基礎之上。衡量東京奧運以及一九六〇年代的日本，除了光明面以外，黑暗面也是值得關注的議題。大規模的建設一定得花上大量人力，而在成本的控制下，勞工薪資相當微薄。日本政府以國家的名義動員十萬以上的山區農民，他們在低薪的狀況下，成為奧運建設背後的無名英雄。

日本國內當時最大的衝突在於《美日安保條約》所引起的政治與社會鬥爭，美國雖然在一九五二年結束託管日本，但一直是日本外交上最重要的主導者。日本是否能夠真正地走出美國的控制，或者只是美國在國際政治上的傀儡，一直是二次戰後日本政治最重要的問題之一。

圍繞著《美日安保條約》的簽訂，大規模抗議活動導致岸信介內閣總辭。延續到七〇年代的還有第二次安保鬥爭，以及之後的全共鬥（註3）、沖繩返還、反越戰和三里塚（註4）的抗爭。然而從另一方面來看，對多數人而言，或許就是在美國的保護傘下，日本才能不顧世界局勢，專心地注意復興的問題。

東京奧運的成功的確是一個時代的轉變，日本徹底離開戰後的貧窮社會。雖然奧運的觀光人潮沒有達到預期，奧運後的幾年經濟甚至一度衰退。但是，整體基礎建設對於日本的發展具有長期的影響。一九六七年，日本的經濟規模超過英國和法國，隔年超過西德，成為僅次於美國的第二大經濟體，直到近來被中國超越為止。或許就是擔憂亞洲第一的角色被中國取代，東京才積極爭取二〇二〇年的奧運吧！

6 夢一般的未來

對比一九六〇年代的日本，半個世紀之後的東京奧運，首相安倍晉三也想要重現當時的榮景。安倍晉三的外祖父正是帶領東京爭取一九六四年奧運時的首相岸信介，所以安倍帶領東京再度舉辦奧運的象徵意味很濃。就算出現很多相似性，歷史也無法重複。二次戰後的日本滿目瘡痍、社會極度貧窮，與從上個世紀九〇代開始的經濟停滯情況極為不同，安倍是否能夠重現復興的故事，後續值得觀察。

一

註3全共鬥：「全學共鬥會議」的簡稱，一九六〇年代末期，東京各大學間學生所形成的大規模抗爭事件。

註4三里塚：一九六〇年代末期，有關成田機場擴建的抗爭運動。

第三章

舊東京的浮華世界

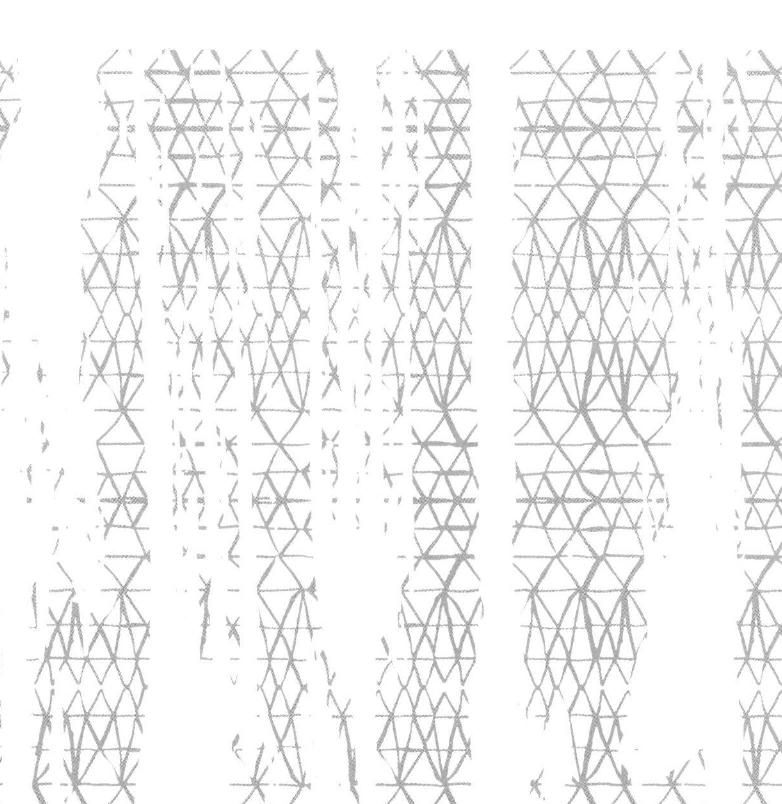

一、銀座的發展：資生堂

我喜歡吃「洋食」，這裡指的不是正宗的西洋料理，而是經過日本人改造的洋食。除了豬排飯和日式咖哩，蛋包飯也是我喜歡的「和式洋食」。而如果要在東京吃蛋包飯，資生堂的 Parlour 總是我的第一個選擇。

位在銀座七丁目的資生堂，總共有兩座大樓，分別是 Shiseido the Ginza 和「銀座資生堂大樓」：前者是女孩們的天堂，一樓到三樓是資生堂的美妝旗艦店，但比起資生堂為人所熟悉的化妝品企業，更令我好奇的是旁邊的資生堂大樓。

磚紅色的資生堂大樓一共有十一個樓層，一樓賣的是餅乾和各式各樣的蛋糕，地下一層是藝廊，三到五樓是資生堂的 Parlour 餐廳，九樓還有人文空間，舉辦許多講座。除此之外，銀座七丁目的巷子中還有一間米其林三星的法式餐廳 L'Osier——這間餐廳也是資生堂的一部分。

化妝品公司為什麼要經營餐廳、藝廊和賣糖果餅乾呢？在銀座這樣的地段上，蓋一間大樓來舉辦藝廊和人文講座，不是很「奢侈」的一件事嗎？

現在的資生堂是聞名世界的化妝品公司，但它一開始是間藥局，在時代的轉變中成為化妝品公司，同時也是「美」的代言人。從資生堂的故事可以看到銀座的發展，也可以看到和洋文化的交流，是美食的歷史，同時是經營者的故事，也是城市轉變的過程。

1 資生堂為什麼稱為資生堂？

資生堂的創辦人福原有信（一八四八年～一九二四年）生於幕府時代末期的安房國（如今千葉縣南部），年輕時到幕府的醫學所讀書，後來到大學東校（東京大學醫學部前身）繼續進修。

福原有信學的是藥學，他曾於明治四年（一八七一年）受聘為日本帝國海軍病院的藥局長，但於次年辭官轉入民間，之後他從《易經》中擷取「至哉坤元、萬物資生」的概念，開設了「資生堂藥局」。

但《易經》又不是醫學經典，開個藥房又與這本古書有什麼關係？

更何況，做為日本第一代的「洋風藥局」，不是應該取個較為洋派風格的名字嗎？

其實從幕末到明治時代，當時研究西學的人，從大學者福澤諭吉（一八三五年～一九〇一年）到賣紅豆麵包的木村安兵衛（一八一七年～一八八九年），他們所想的都是「和魂洋才」——借取西方的技術、方法，融入東方的精神——福原有信當然也不例外。

然而當時的資生堂藥局還未涉足化妝品產品，創辦藥局的福原有信，一生的志向也不在於讓女人變得更美，而是引進西方的藥房制度、實施醫藥分類，並且成立製藥工廠。後來成為日本藥劑師聯合會會長的福原有信，正是因為這些努力才奠定了自己與資生堂的歷史地位。

不過來自於安房國的福原有信，為何把第一家資生堂開在東京的新橋？新橋這個地方對於「資生堂帝國」的崛起，又是怎樣的風水寶地呢？

2 一開始就是「潮牌」

去過東京銀座的人應該知道，現在的銀座被分為銀座一丁目至銀座八丁目，其中八丁目就是過去的「新橋」。而此一名稱的更迭，亦是資生堂見證銀座街區改造的紀錄之一。從明治、大正、昭和時期到現在，民間努力搭配政府的措施，才讓如今的銀座發展成為東京最具特色且繁華的地段。

江戶時代，江戶城最熱鬧的地段是日本橋；但到了明治時代，鐵路的建設引進日本，全日本第一條鐵路在一八七二年九月開進了東京，新橋成為東京的第一座火車站。做為當時東京的玄關，來來往往的人潮和舶來品都聚集於車站附近，這也讓新橋以及鄰近的銀座一帶順勢崛起，成為東京最繁華的明星商區。

本來東京的建築大部分為木造，很容易因為火災就燒掉一大半，例如明治五年（一八七二年）發生的銀座、築地大火，蔓延的火勢甚至還曾逼近新橋。大火之後，東京市長由利公正（一八二九年～一九〇九年）才開始思考都市的改造，並推廣採用較不易引發火災的紅磚建築。在日本，紅磚也被稱為「煉瓦」，當時從銀座到新橋的街區都漸漸改用紅磚，所以此處在明治時代被稱為「煉瓦地」，很有名的豬排飯創始店也開設在此，因而稱為「煉瓦亭」。

由於新橋是最潮的地方，在此地賣西藥容易建立起企業識別度，也容易引起媒體的注意，因此資生堂的店名當時稱為「東京新橋　福原資生堂」。

3 形象的建築師：福原信三

在福原有信經營下，原本是西藥房的資生堂在新橋的生意蒸蒸日上，站穩了腳步，但真正改變經營策略，讓資生堂成為我們熟悉的「這個資生堂」的關鍵人物，卻是有信的三兒子——福原信三（一八八三年～一九四八年）。

在接班問題上，因為有信的大兒子身體不好、二兒子早夭，因此雖然信三是第三個兒子，但從一出生就被期待接掌資生堂。信三和父親一樣都學藥學，還在明治四十一年（一九〇八年）遠渡重洋，前往美國哥倫比亞大學攻讀藥學，吸收當時西方最先進的技術，畢業後也在紐約的藥局實習了一段時間。

在紐約的信三，完成實習後沒有急著回國。當時福原有信建議兒子還是得到歐洲看看，於是信三在大正元年（一九一二年）前往歐洲，造訪倫敦、巴黎和維也納等古都。當時的他並不以參訪藥學學界為目的，而是遊學、參觀博物館、瞭解風土民情，這讓信三在藥學的專業之外更具人文風采。不同的文化衝擊讓資生堂後來走向不同的發展。銀座的風貌也因此而徹底改變！從當初的木造街到煉瓦地，銀座和資生堂之所以能崛起於國際，福原信三是真正的品牌推手、真正的「形象建築師」。

4 復興，銀座與資生堂的在地羈絆

大正十二年（一九二三年）九月一日正午前兩分鐘，日本發生了芮氏規模七．九的關東大地震。這場日本史上最慘重的災難幾乎夷平了關東平原，十餘萬人因此喪生。但災難之後的重建計畫，卻意外給了銀座「改變復興」的契機。

關東大地震之後，已經入主家族事業的福原信三非常積極地參與銀座重建，並以「資生堂當家」的身分號召銀座街區商家，以紐約「第五大道」做為重建理想，向政府當局提出陳情書。當時的銀座只有一丁目到四丁目，而初代的資生堂店址則在鄰近的新橋附近，直到信三提出「大銀座」計畫，才將資生堂所在的出雲町和竹川町（現在的銀座五丁目到八丁目）納入銀座街區。

信三認為，世界各國最繁華的商業城市都有一條代表性的街道，像是巴黎的香榭麗舍大道、美國紐約的第五大道。而再興的銀座也該被打造成東京最繁華的街區，讓世界所有人一想到銀座就是最時尚、最繁華的代表。

信三不斷在報紙上投書說明「世界大銀座街」、「帝都將來最為關鍵的發展」的理念，本來被視為空想，但透過踏實的腳步，真的打造出銀座與資生堂的整體形象與特色。

讓我們回到故事開頭的銀座印象：在春日的東京行，到資生堂的 Parlour 吃完蛋包飯，滿足口腹之欲之後，還能在銀座街頭逛逛。這裡有許多人喜歡的「壽司久兵衛」，也有百歲人瑞所經營的「琥珀咖啡店」。在百多年之後，現在銀座的繁華時尚與城市質感，已成為足以與紐約第五大道、巴黎香榭麗舍大道齊名的「地標品牌」。

如今來看，銀座的發展奠基於資生堂的努力；而資生堂的企業形象則透過銀座的改造而完成。兩者的發展相互扶持，展現出一股民間對於城市文化的期待，並且透過共同努力，維持銀座的風格。

打造最繁華的商店街並不是召集大型百貨公司進駐，而是要有具備「個性」的街區，其中充滿著各式各樣的小店，每家都有自己的特色，櫥窗都經過設計，讓逛街的人潮感覺舒適。這是每家商店合作才能達到的「共存共榮」狀態。

關東大地震後，銀座也開了幾家百貨公司，像是三越、松屋等都到銀座設店，對於信三來說，銀座的商店街要讓到此逛街的人感受到百貨公司沒有的感覺——商店的特殊性、建立品牌的信用、具備一流的商品。而資生堂怎麼建立自己店內的風格以區別於百貨公司呢？如何與銀座的整體感覺搭配呢？

5 從藥局到咖啡店

資生堂雖然以賣西藥起家，但店鋪的感覺相當「日本」。整體設計為日本式的木屋，櫃臺站著穿和服的服務人員，而結帳處像是時代劇中掌櫃坐的地方。

前文提及，福原信三從哥倫比亞大學畢業之後，曾在紐約的藥局實習過一段時間，那時，他發現當地的藥局和化妝品店都在一起，就像我們現在看到的「藥妝店」，而且販賣蘇打水和冰淇淋之類的食品。回國後的他開始思考如何拓展業務，將藥局變成咖啡店或是喫茶店。他決定先在資生堂旁邊開一家飲料店，提供女性和小孩可以休憩的空間。

讓資生堂改變經營策略的關鍵性人物是福原信三的老朋友——松本昇，他是最早在紐約大學攻讀管理的幾位日本先驅之一。信三讓他負責經營店面，擔任社長的職務，自己則退居幕後，專注產品開發和創意的發想，將工作區分開來。

關東大地震後，銀座街區開始了大規模改造與重建，福原信三也決定改建以往舊式的藥局——一棟做為藥品和飲料部，一棟則是新的化妝品事業部，並邀請當時知名的建築家前田健二郎設計。同時，也在飲料部引進咖啡和西式糕點，當時的《讀賣新聞》為此特別報導：「資生堂販賣咖啡、紅茶、熱巧克力，還有純正美國風味的蛋糕和派。」

6 高等遊民的聚會場所

本來資生堂對咖啡還沒有那麼講究，後來卻特別採用爪哇的精品摩卡，為什麼特別強調咖啡的品質呢？

我在我的著作《和食古早味》中曾經提到日本咖啡的故事，一九二〇年代日本盛行的咖啡連鎖店「老聖保羅咖啡館」，當時在銀座也有一家，由於取得巴西的廉價咖啡豆，所以賣的咖啡相當便宜，學生、窮作家都可以來這裡喝一杯。但有著不一樣經營策略的資生堂，鎖定的客群是「高等遊民」（遊手好閒的富二代，他們跟遊民一樣沒有工作，但因為是有錢人，因此可以出入資生堂這類的高級場所）。

大正到昭和時期初期，東京曾出現一批新的「富二代」，他們的第一代是在幕末、明治時代的劇變中生存下來的人，從下級武士成為實業家和官僚，或經營生意、或位居政府要職。他們的父祖輩最初接觸到的西洋事物，多半是電話、電燈、電車的架設，或是引進船堅炮利讓日本戰力變強，因此對於外來物秉持的態度經常是「實用主義」。

但到了「富二代」，也就是「高等遊民」，他們對於對於外來事物的興趣已經從「實用」進化到「享受」，像是能分辨咖啡的濃淡醇厚、牛排的生熟與口感，以及欣賞西洋藝術、音樂與文化。

「高等遊民」們需要聚會和社交的空間，讓他們感受洋風，體驗城市的高級感和都會時尚感，而資生堂就是這樣的空間。然而，要讓生性保守、習慣和服與和室的日本人開始逛街，並且到資生堂享用法式餐點、蛋包飯、紅茶、咖啡、下午茶，這中間還得經過一段文化的革命。特別是要讓婦女們離開家庭，到一個舒適、雅緻且高級的空間享受餐點。這一段歷程得從「社交民主化」說起。

7 社交民主化的推手

建立東京證卷交易的日本資本主義之父澀澤榮一，除了是商業和實業界的鉅子，也是社會觀察家和改革家，他曾經寫過一篇文章〈日本的娛樂和西洋的娛樂〉，提到日本人都在「四疊半」的塌塌米上進行家庭的活動，而西洋人則是「屋外主義」，喜歡到室外進行娛樂。他注意到，西洋人的衣服較適合在屋外活動，日本人則相反；而因為日本人都待在家中，所以也只有好友三、四人，西洋人則較為好客。澀澤榮一甚至提到居住空間中的桌椅影響了日本人的社交生活，因為日式的桌椅會影響穿衣的習慣，也讓日本人較為內向。

後來日本便漸漸增加與模仿西式的社交空間，像是東京帝國劇場裡面都擺設了椅子，而非日本人習慣的座敷。

著名的國際政治活動家新渡戸稻造（一八六二年～一九三三年）也提到日本的「非社交性」，而為了鼓勵日本男女走出戶外，多多交際，新渡戸稻造在《婦人畫報》裡特別介紹英國的「五時の茶」，也就是下午茶，希望日本女性學習英國女性們，出來聊聊天、逛逛街，感受城市的氣氛。

如果時間回到明治時代，當年的女性是沒辦法自主上街的，會去購買舶來品和衣服的也都是社會地位較高的男性。爾後幾十年，在不少社會重要人士的鼓吹下，社交場所陸陸續續開放，女性們逐漸走出家庭。

我一開始提到的資生堂咖啡沙龍 Parlour，就是在這樣的時代背景下出現的。

8 資生堂調：時尚、藝廊、咖啡沙龍

在資生堂之前，日本的咖啡店或喫茶店常留給人較不好的印象，其中一個原因是因為店內女服務生帶有陪酒小姐的味道。但資生堂咖啡店所要營造的，則是讓女性也能輕鬆在此用餐喝茶的環境；為了讓社會地位較高的女性亦能夠在此交際，資生堂進一步篩選服務生，改用十四、五歲上下的「美少年」做為服務人員。

女性客人非常喜歡年輕的「小鮮肉」，看著他們穿著筆挺的西裝在場內服務，這樣的角色轉變，擺脫過去喫茶店有陪酒小姐的印象。而有了固定的女性客源之後，餐廳旁的資生堂化妝品部當然也順便成為逛街的場所，事業蒸蒸日上。

有了餐廳和 Parlour 的資生堂，逐漸吸引許多想沾染洋氣的貴婦前來，而在這個社交空間中擺放一些國外流行的物品，也很容易引起買家注意。因此，為了進一步讓資生堂和藝術氣息畫上等號，建立更富氣質的品牌形象，資生堂在原有的飲食與美妝事業裡，添加了藝廊的經營。

我們或許不應該用現在藝廊的角度思考當時的藝廊，在當年舉辦的繪畫展，就規

模來看，置多只有整個展覽場的七分之一大左右，在當時稱為「展示場」，大部分只是展示國外的商品而已，不像現在的銀座有不少藝廊，有些賣古物、有些賣畫。但銀座最早的藝廊還是資生堂，前前後後舉辦超過三千次的展覽，不論如何，資生堂都是先驅者。

雖然繪畫展在資生堂的展場並不是主要展覽，但結合咖啡店與藝廊的沙龍，逐漸成為知名畫家和作家聚會的場所，像大正、昭和時期的知名畫家川島理一郎、梅原龍三郎、高村真夫等，都在資生堂開過畫展，也和福原信三維持著良好的關係。除了畫家，資生堂透過吃飯與逛藝廊所營造的時尚、文藝氣質，也為文人傾心，漸漸的，Parlour 成為許多作者筆下的場景。根據作家嵐山光三郎的記載，Parlour 曾出現在森鷗外的小說《流行》、谷崎潤一郎的《金與銀》、太宰治的《正義與微笑》、川端康成的《東京人》。

信三對於企業形象的想法是很長遠的，他與藝術家保持良好的關係，讓資生堂成為美的象徵，不僅有助於推銷化妝品，爾後這些藝術家更直接成為資生堂廣告的最佳執行者。

在資生堂眾多廣告中，最知名且經典的就是山名文夫為其設計的企業 logo——「花椿」和「資生堂字體」——兩個結合在一起，營造出我們現今再熟悉不過的「資生堂調」（資生堂的風格，請參考本頁 QR CODE）。

福原信二對外積極地推動銀座整體的繁榮，成為世界上屈指可數的繁華街道；對內則將資生堂經營成藝術、文化與時尚的象徵，打造品牌形象，成為銀座的代表性商家。不管是對內還是對外，從構思、實行到推動整體計畫，都可以看到福原信三的思想高度，他不只讓資生堂賺錢，還改造了銀座、改造了東京、改造了文藝界，讓銀座因為資生堂而閃耀。

二、和魂洋才：舊岩崎邸

透過在東京舉辦學術會議的機會，我順道參訪了東洋文庫與東京大學，東京大學的佐川英治教授帶我們參觀了東洋文化研究所和文學部，中午在學生食堂用餐。與東京大學只有一牆之隔的是「舊岩崎邸庭園」，我也順便瞭解了三菱創辦者的故事。

1 大財閥傳奇的一生

三菱在日本或是全世界都是數一數二的大財團，其創辦人岩崎彌太郎（一八三五年～一八八五年）的故事或經營哲學是商界人士重要的成功經驗。而岩崎彌太郎之所以為人熟知，或許也與大河劇《龍馬傳》有關。

坂本龍馬（一八三六年～一八六七年）與岩崎彌太郎都出身四國，為土佐藩中的下士。土佐在德川幕府時代不算是特別大的藩，德川家康在關原之戰後將這裡封給山內一族。山內一族掌握土佐藩政之後，為了安撫原來的長宗我部氏，給予鄉士、下士的頭銜。上士、下士的階級是世襲的，必須嚴守規範。直到幕末，下士不滿上士獨斷藩政，導致兩方產生了矛盾，而隨著幕府政權的危機、外國人入侵日本，階級間的問題愈加激化。

大河劇《龍馬傳》故事一開始已經是明治維新之後，以三菱的創辦人岩崎彌太郎做為敘事者，拉開了劇幕。岩崎彌太郎由香川照之飾演，與福山雅治飾演的坂本龍馬同為土佐藩的下級武士，從小就是朋友，也是競爭者。

劇中，坂本龍馬被塑造成一個在家人相互支持中成長的小孩，在全家人的呵護下，尋找自己的出路，發展志向；相對的，岩崎彌太郎生長在一個貧窮的家庭，父親嗜酒且好賭，幸好他從小聰明，學會了識字讀書。兩人在性格上似乎是完全相反的人，或許戲劇多少有點誇大，但是從人生的志向看來，坂本龍馬注重理想，對於日本未來有遠大的抱負，不拘小節，金錢與名利對他來說並不重要；而岩崎彌太郎對於政治不太關心，最在乎眼下的利益，總是精打細算。兩人的性格多少有點互補，在岩崎彌太郎的日記中可見兩人暢飲聊天的紀錄，是不錯且可以談心的好朋友。

岩崎彌太郎的前半生好像做什麼就失敗什麼，一直等到擔任土佐藩的參政後藤象二郎（一八三八年～一八九七年）看到他呈上關於經濟政策的計畫，讓他到長崎做生意。在與不同地方的外國人接觸之後，他興起了開公司的念頭。

軍火、航運是岩崎彌太郎在幕末亂世中想到的利基，當時既有內戰，也有對外戰爭，所以他在倒幕的西南戰爭、日軍平定臺灣的過程中都賺了不少錢。西南戰爭或許是幕末武士西鄉隆盛（一八二八年～一八七七年）的悲劇，但其中三分之一的戰爭財卻成就了岩崎的三菱，也讓他成為明治時代的大財閥。

岩崎彌太郎與中國的胡雪巖生活在同一時代，也在同一年死去，一開始都靠政府特許的行業賺錢。胡雪巖因為太平天國和陝甘回亂等賺了不少戰爭財，也在洋務運動中賺了很多錢，但他賺了錢後，希望在政治體系中攀升，而不是更戮力經商。岩崎彌太郎則放棄政治這條路，欲將日本企業轉型成西方資本主義模式的大公司，從董事會、發展策略到經營模式都完全現代化，連未來的接班人也要學習最西方的經營方式。他將弟弟岩崎彌之助送到美國留學，兒子岩崎久彌到賓州大學習商，弟弟的兒子岩崎小彌太則到英國劍橋大學。

2 岩崎邸庭園

岩崎彌太郎的前半生是幕府時代潦倒的下層武士，後半生則展現完全不同的樣貌，因為新時代的來臨，掌握了人生，透過機會累積財富。擁有了錢財之後，他宛如暴發戶，購進大量土地，在東京上野不忍池旁的土地上建造宅邸。

現在的岩崎邸庭園完成於明治二十九年（一八九六年），長男岩崎久彌居住在這裡長達五十年。二次世界大戰之後，宅邸由美軍接受，其後交由東京都管理，成為重要的文化財。

3 和、洋折衷的風格

岩崎邸由第二章提到的 Josiah Conder 所建，東京國立博物館、宮內省、鹿鳴館都是由他所設計。由於他的建築很多在關東大地震或是二次大戰東京空襲時被燒毀，所以岩崎宅邸和三菱一號館成為他建築風格現存的最好見證。從建築風格來說，因為

圖3-1

岩崎邸

圖3-2

岩崎邸

岩崎久彌在日本成長，後來在美國生活與求學，故岩崎庭園的設計必須同時兼有西式與日式風格。

當時的岩崎邸，面積多達一萬五千坪，已經可以說是莊園，建築超過二十棟，現存的這一棟為兩層木造建築並有地下室的洋館。Josiah Conder 沒有完全依循維多利亞時代的英國建築，他以十七世紀英國的 Jacobean 建築（註5）為底，將文藝復興時期的風格融入，並以伊斯蘭風的花紋裝飾。而洋館南側則是帶點殖民風的柱廊式陽臺。主要是接待外國貴賓的集會空間，在一樓有正門、飯廳、廚房、書房、客廳，二層設有客廳、集會場所。

岩崎宅邸的室內裝潢也相當驚人，房間的壁紙以「金唐革紙」製作，這種紙源於明治時代。當時日本開始建造大量西洋式的住宅，為了模仿歐洲王公貴族城堡之中的壁紙，需經多道複雜的製作程序。這些程序與工法後來失傳，岩崎邸的金唐革紙可以說是目前少數保存下來的場所之一。好在許多匠人們努力找回失傳的壁紙製作技法，後來在二〇〇五年成為國家選定的保存技術。

接著看看和館，它與洋館透過巧妙的走廊設計而連接，據說這裡以往為書院式的建築樣式，剛完成時面積高達五百五十坪，比洋館的規模還大。和館主要為岩崎家的居住空間，他們還是習慣居住在日式的空間之中。但是現存的和館比較難看到當時的原貌。

由此可見日本人「和魂洋才」的建築實踐，招待外賓的公共空間都是西洋式的建築，而居住、生活的私人空間則是日式的建築，起居維持一貫的傳統。

我參觀完後，從東京大學的池之端小門出來，然後穿過住宅區的小巷，經過一段坡道，從外面看，很難相信這裡有一棟如此龐大的西式大宅，是從江戶時代到現代化東京的具體見證。岩崎宅邸是日本近代建築的代表之一，一百多年的歲月，它歷經現代史上的大小事，具體而微地體現舊東京的浮華世界。

三、我們一家都是靠爸族：鳩山會館與戰後日本的政治舞臺

二〇一四年底的九合一選舉，臺北市、桃園市或是臺灣的政壇上都有靠爸族的議題，主因在於政治世家長期壟斷資源，讓缺乏背景的參選人無法獲得機會。政壇靠爸族並不只有臺灣才有，在東亞政治發展上，靠爸族是一個常態的現象。看看日本，戰後的政壇人物不只靠爸，靠祖父、外祖父的比比皆是。靠爸族們繼承父祖輩的餘蔭，雖然是天之驕子，但能否延續上一代的影響，造化則在個人。

現在的首相安倍晉三，其外祖父岸信介是戰後推動日本經濟復甦的重要人物，也推動了一九六四年的東京奧運。安倍晉三秉持著外祖父的政治軌跡，他現在的使命也在復興經濟，和舉辦二〇二〇年的東京奧運。

二〇〇九年的八月底，長期執政的自民黨遭到民主黨的強烈挑戰，由鳩山由紀夫所領導的民主黨在議會之中取得三百零六個席次，成為日本的執政黨。他沒預料到民主黨會拿下這麼好的成績，後悔當初沒有多推薦一些候選人。

鳩山由紀夫畢業於東京大學，並在美國史丹佛大學取得工學博士學位，其後於東京工業大學任職助理教授，學有專精，本想在學術界發揮所長，但顯赫的家世使其改變跑道，投身政界。他在二〇〇九年的秋天取代麻生太郎，成為日本首相。鳩山與麻生重演其祖父的對決，在超過半個世紀以前，吉田茂（麻生的外祖父）和鳩山一郎（鳩山由紀夫的祖父）是二次世界大戰後日本政壇的兩大勢力。

1 鳩山一郎與吉田茂

二次世界大戰後，日本為美軍託管，天皇成為國家的象徵，沒有實質的政治影響力。戰後的日本開始實踐民主，此時政壇群龍無首，形成多黨派的局面。在一九四六年的眾議院選舉中，自由黨在第一任總裁鳩山一郎領導下，成為日本第一大黨，準備進行組閣。然而，日本此時受美國老大哥監管，以麥克阿瑟為首的盟軍總司令部竟然宣布鳩山一郎的當選無效，由其黨內的吉田茂組閣。

鳩山一郎與吉田茂的差異就在於親美與「不那麼」親美。鳩山一郎擁有民氣，但也是個民族主義者。一九四五年，他在《朝日新聞》發表論文譴責美軍在廣島、長崎投下原子彈，違反了國際公約中的不屠殺平民的條款，更指出美國有責任向日本贖罪。

當時盟軍公布所謂的「公職追放令」，禁止戰犯出任公職，但指控誰是戰犯的權力卻落在美國手上。接管日本的美軍不容許鳩山這樣的人上任，以他在戰前支持軍國主義為由，解除其擔任公職的權利。但事實是，鳩山一郎在戰前不但沒有支持軍國主義，還與支持軍國主義的東條英機反目，因而離開政壇。尊皇、自由主義和反軍國主義是鳩山一郎所支持的信念。

2 鳩山家族的顯赫背景

說到靠爸族，鳩山一郎也算是其中之一，他的爸爸鳩山和夫是幕府武士，出身岡山藩，是第一代公費留學生，赴美取得哥倫比亞大學法學士學位，又在耶魯大學獲得博士。

鳩山和夫學有專長之後回國，擔任東京帝國大學的教授，也出任眾議員和議長。當時適逢北海道的開發，他在北海道買了大片土地（炒地皮、官商勾結？）。其曾孫鳩山由紀夫，也就是鳩山一郎的孫子也擔任北海道眾議員。現在北海道的栗山町有鳩山川、鳩山池，甚至還有鳩山神社，都是鳩山家族在當時所奠定下的基礎。從眾議院退休下來的鳩山和夫，後來也擔任早稻田大學的校長，在政治界、教育界都有深遠影響。

鳩山和夫的兩個兒子，鳩山一郎從政；鳩山秀夫則在東京大學擔任教授，分別繼承他在政治和教育界的衣缽。一郎歷任數屆眾議員和大臣，他的理想是英國式的立憲君主制，國民享有言論、集會等各種自由。然而，他在日本走向太平洋戰爭的過程中，發現世道與他的理想越來越遠，特別是東條英機掌權時，強力管制言論自由。因此，他與具有共同想法的「政友會」成員選擇退隱。政友會在戰後組成的「同交會」，也就是二次戰後自由黨的骨幹。

3 戰後日本政治體制的確立

鳩山一郎在一九四六年由於美國的勢力被迫離開政壇，由親美的吉田茂組閣，完成了親美的《和平憲法》。當時吉田茂還跟鳩山一郎保證只要他能重回政壇，將會交出首相的寶座。

鳩山一郎透過ＣＩＡ和各種關係，疏通美國政界，欲重返政壇，但當他回來時，吉田茂卻不履行當初的諾言。鳩山一郎也不是省油的燈，自由黨內的鳩山派與吉田派產生鬥爭。最後的導火線是，吉田茂於一九五三年二月二十八日回答社會黨議員質詢時爆粗口，說了巴該野鹿（ばか野郎），使得內閣陷入危機。

社會黨提出不信任案，當時所有的在野議員全部支持不信任案，而自由黨內的鳩山派也無故缺席，使得不信任案成立。之後，自由黨內的鳩山派另外成立民主黨，在一九五五年的選舉中，與社會黨成立聯合內閣，趕走了執政的自由黨。鳩山一郎終於奪回當初幾乎到手的首相寶座。

然而，民主黨與左派的社會黨，在觀念與政策上有著無法調和的矛盾，於是民主黨與自由黨在兩方大老的協調之下合作，一九五五年底成立了自由民主黨，成為執政黨。鳩山一郎成為自民黨的首任總裁，並且擔任日本的第五十二、五十三、五十四任首相。一九五五年所形成的「五五體制」（因為在一九五五年成立，故名）執政了三十八年，直到細川護熙在一九九三年擔任首相為止。

4 孫子也不是省油的燈

五十多年後，鳩山一郎的孫子鳩山由紀夫在二〇〇九年擔任第九十三任的日本首相，卻不是祖父所成立的自民黨，而是按照自己理想在一九九八年所成立的民主黨。

鳩山由紀夫一開始加入政壇時，是自民黨的眾議員，但在一九九三年自民黨敗選之後，日本進入多黨政治時期，鳩山由紀夫聯合多個政黨成立了民主黨，並且在二〇〇九年的大選獲得勝選。當時民主黨在眾議院五百多個席次中，贏得超過三百席次，可以說是民主黨的大勝利，也可以說是鳩山由紀夫個人的成功，民主黨從創黨的經費到黨綱，可以說都貫徹其個人意志。

但是，理想與現實之間的執行總是存在著衝突，還有很多無法預期的意外，鳩山由紀夫擔任首相八個月之後，就因為沖繩美軍基地的衝突爭議而下臺，並在二〇一三年宣布離開自己所創立的民主黨，也離開政壇。

5 和、洋折衷的鳩山會館

建議大家可以到東京的鳩山會館參觀，那是鳩山和夫於明治二十四年（一八九一年）所購買且居住的房子，由鳩山一郎的好友——活耀於大正、昭和時期的建築師岡田信一郎——在大正三年（一九二四年）所設計建造。建築風格類似英式的莊園建築。

或許是呼應鳩山一郎的英國民主制度理想。內部的設計兼具和風與洋風，既有日本人習慣的和式空間，也有適合招待外國人的宴會廳、花園。那裡的窗戶結合日式廟宇的五重塔與西方彩繪玻璃，庭園中種植的是鳩山一郎所喜歡的玫瑰花。在日式造景之外，也鋪上適合英式下午茶的草皮。

6自民黨與國民黨

鳩山一郎所創立的自民黨，壟斷戰後日本的政黨政治，形成一黨長期執政的情形。從表面來看似乎與國民黨相似，但內在的組成過程卻有很大差異。

單從靠爸的這一點而言，鳩山家族每一代可以說都繼承了「維新」與「改造」的想法。幕府末年，身為岡山藩的四子鳩山和夫在美國瞭解到世界最新的政治與法學知識，回到日本投身政治與教育；鳩山一郎則在戰後秉持著代議政治的理想，創建了自民黨；鳩山由紀夫因不滿自民黨的體制，建立了民主黨並且獲取政權，最後因為理念不合，選擇離開。

鳩山家代代之間既有繼承，又有創新，但鳩山由紀夫從來不諱言其父祖對他的影響與金錢上的贊助，與自稱都靠自己的連勝文不同。

在此引用李敖的一段話：「連勝文、邱吉爾都是靠爸族，但是邱吉爾靠爸做了首相，表現得很好。靠爸並不可恥，重點在於不承認自己靠爸，還說都是自己賺的，這才比較可恥。」

圖3-3

鳩山會館

圖3-4

鳩山會館內彩繪玻璃

四、終身大事的場所：目黑雅敘園

拍攝婚紗照、選戒指、決定婚宴場地和結婚當天宴請親朋好友，使得婚禮不只是一場儀式，也是一場花錢的消費行為。之前新聞報導過，內政部所編纂的《現代國民婚禮》中提供婚禮範例：「每桌一萬兩千元的酒席十桌、三萬元國內蜜月旅行、五萬元租禮服及婚紗攝影、禮車、拍照及親友紅包價等計算，不含金飾、戒指，開銷二十六萬六千元。」婚禮業者與所有辦過婚禮的人，都認為這樣的算法，嚴重低估了婚禮的花費（政府一向低估所有事）。

婚禮雖然是人類歷史之中重要的禮俗，但是現代婚禮經過了一套套包裝，充斥著各式各樣的服務和消費行為。其實這些服務多少是為了應付工商業社會而興起，當人口聚集到城市之後，為了方便，所有的儀式都在一個場地中舉行，婚禮服務業也隨之興起。

在一般服務行為的消費之中，我們多少帶有一些想像。舉例來說，進去一間高級的餐廳，不只想要飽餐一頓，也想要感受到廚師的手藝、體驗被服務的感覺，更或許期待著和心愛的人度過一個浪漫的夜晚。婚禮消費也是如此，除了想使到場的賓客們吃得開心、一種「王子與公主從此過著幸福快樂的日子」的想像也在其中。

從拍攝婚紗開始，穿著白紗在人工布景裡拍照，其中多半是歐式的布景或是擺設，出外景也盡量找些能與白紗搭配的西洋式建築。有些外景拍攝還遠渡海外。我曾經看過中國新娘與新郎在櫻花盛開的嵐山，穿著大禮服，不顧眾人目光衝到危險的河邊，只為了拍一張有櫻花的婚紗照。櫻花搭配西式的白紗，非常混搭的美學。

或許我們也都瞭解，除非我們本來就是明星，穿著大禮服在鎂光燈下、在鏡頭前拍照並不是生活景象，很多婚紗照都是拍了以後就沒再翻閱過。

1 現代西式婚禮如何在亞洲形成

根據丹佛大學人類學家 Bonnie Adrian 對臺灣婚紗業的研究，她認為臺灣的婚紗業在全球化過程之中，主要模仿西方的「美」的觀念，藉由拍攝婚紗，想像自己成為鎂光燈下的焦點，模仿外國明星或是模特兒的姿態，加上西式背景，成為某種西方美感的消費者。Adrian 的研究也指出，臺灣婚紗攝影業的全球化並非單向的西化而已，其中還存在著本地的色彩，所以鳳冠、大紅禮服出現在西式建築前，也不是太奇怪的舉動。

鄰近的日本，其現代式婚禮也是全球化與地方化交織而成的結果，只是日本現代化的時間比起亞洲其他國家來得早，現代式婚禮的出現時間也相對地提早。接著，我們來看看日本最早舉行現代式婚禮的場地——雅敘園。雅敘園位於東京目黑，其中的木造建築「百段階梯」現在已是古蹟，而且被指定為東京都的有形文化財。

2 讓庶民也可以感受貴族的體驗

日本過去當然也會舉行婚禮，但都是在自己的家中宴請客人，民俗、禮節和儀式也都由家中長輩或媒人負責。日本一開始有業者提供婚禮服務、到飯店宴請賓客是昭和年間的事，約莫在第一次世界大戰與二次大戰之間，其實是很晚近的發展。

目黑雅敘園在一九四〇年代所提供的婚禮服務，已經有神道教的祭壇、新娘梳化、攝影室、接待室等，並可以選擇日式、西式和中式料理做為宴客的餐點，整套婚宴程序已經相當完整。

雅敘園的經營者細川力藏，其成功與經營方式也是一個傳奇，他出身於石川縣的農家，後來在東京經營大眾澡堂，賺進不少財富。一九三〇年代經濟大蕭條時，雖然很多企業破產，但細川力藏以大筆金錢買入原本高價的土地，並以較低的價錢聘用大量工人、藝術家，建造雅敘園。

細川力藏出身民間，不僅是個成功的商人，還是帶點創意的夢想家。

雅敘園本來是餐廳，客層並非上層階級，一般人也能攜家帶眷前來。細川力藏想以最好的設備，提供庶民最好的服務，而所謂最好的服務是什麼呢？就是滿足庶民們的想像，可以花點錢就感受到奢華的經驗，特別是讓吃飯與結婚的新人、賓客們，能在婚禮時經歷一場奇幻的感受。奇幻的體驗往往來自無法在日常見到的空間和事物。

細川力藏聘請當時最有名的雕刻工匠、畫家、漆匠、金工師等，為庶民們打造招來美夢的皇宮，使得雅敘園有著「昭和龍宮」的美譽。

雅敘園沿著目黑的山勢而建，其中最有名的婚宴場地「百段階梯」，是一棟有一百階梯子的木製樓房（《神隱少女》中的湯屋就以此為藍本），以秋田杉做為天井，並繪製花草繪做為裝飾。

在「百段階梯」中共有六間婚禮會場，集合當時最好的藝術家繪製牆面的裝飾，主題包含江戶時代流行的美人繪、歌舞伎角色、風景和花卉等主題。其中的「清方莊」由當時的知名畫師鏑木清方（一八八七年～一九四八年）執筆；「清之間」則由小早川清（一八九九年～一九七二年）描繪江戶時代中期的出遊圖，再加上，日式建築當中重要的螺鈿細工、組子、障子等傳統工藝，相當細緻。

雅敘園以將近十三年的時間，分成七個階段建造，竣工時有一百多個房間可供使用，全都是江戶時代上層階級的藝術風格，像是東照宮的設計與雕梁畫棟，或是帶有中國風且金碧輝煌的宴會廳，滿足了庶民對於奢華的想像。

有趣的是，一九三〇年代的東京已經是個現代化的城市，但是庶民對於奢華的想像仍然以江戶時代做為標準，而非西式白紗與歐式建築。或許是當時人們心中的豪華感，依然是江戶時代的傳統和中國風。

3 連廁所都很高級

在參觀目黑雅敘園的「百段階梯」時，我特別注意到階梯旁的廁所，上面寫著：「僅供參觀。」

以木質地板鋪設的空間大約一坪半，其中只有一座蹲式馬桶，窗櫺的四角刻有扇形雕花，天花板上則貼有金箔亮片的雕花。以一間廁所來說，這未免也太奢侈了吧！

根據廁所評論家齊藤政喜的說法，當時新娘的和式禮服穿脫不易，在這樣的木質地板上，新娘可以脫下禮服，自在地解決內急的問題，可謂相當貼心的設計。

除此之外，在目前中式餐桌上不可或缺的迴轉臺，也是雅敘園的中式餐廳所發明的。原本經營中式餐廳的細川力藏，發現在宴會的場合上，客人要起身夾菜非常不便，於是他就發想：「有沒有可能坐在原地就能夾取自己所需的食物，而食物又可以傳遞給下一個人呢？」

雅敘園的木匠師傅酒井久五郎，搭配製作迴轉軸的五金商所完成的迴轉臺，完成之後先在日本流行，二次戰後才由華僑帶到全世界的中式餐廳。

由於二次大戰，日本政府頒布禁奢令，雅敘園成為避難的防空洞。雖然在大戰的空襲之中保存下來，戰後因為城市規畫，原本廣大的旅館只剩下一部分，當時的建築只剩「百段階梯」。

現存的雅敘園仍然是東京的重要婚宴場地。對於結婚的人而言，婚禮不僅是人生重要的儀式，也是自我和文化、社會之間的對話。從雅敘園的婚禮場地來看，現代化初期的日本人脫離以往在家宴客的傳統，舉行現代式的婚禮和婚宴，但對於婚禮的想像還是「日本式」的，而異國的想像則主要以中國式為主，並非福澤諭吉所說的「脫亞入歐」。

註5 Jacobean建築：詹姆斯一世時期（一六〇三年～一六二五年）的英國建築，繼承維多利亞時期的建築藝術，但更偏向古典建築的形式，更講究規整和對稱。

第四章 東京的城市與建築散步

一、散步學：荷風的東京散策

城市不僅是追逐流行、向前看或是向錢看之處，城市保存更多的是記憶、是歷史，是一層一層消逝的過去。

沒到過東京的人可能也知道東京有一條山手線，「山手」之名源自江戶時代，指的是位於小山丘上且較高的地方，以往是武士或大名等階層居住之處，在今日的池袋、銀座或是新宿等地方。

相對於山手的就是「下町」，指地勢低下之地，以往東京下町的水道縱橫，隅田川除了做為灌溉之用，也是交通的重要工具。山丘上的城市是上流社會聚集的地方，街道規畫整齊；下町則是庶民、工匠的居處和娛樂之地。

從江戶到東京，快速都市化使山手與下町的界線漸漸消失；關東大地震與二次世界大戰空襲後，東京已非舊日的模樣。但是今日的淺草、築地、深川、月島、谷中、根津等地方的發展，還是與山手地區不同——蜿蜒的小巷、帶著點破敗的房子，濃厚的人情味，在不經意的轉角還可以見到一些古意的小店。反觀臺灣許多地方，特別是臺北市，往往覺得這樣的房子需要「都更」一下；然而在東京，這樣的房子以及居住其中的人們，卻深受文學家喜愛。

東京現代化的開始正是山手地區，當西式樓房在這裡一棟一棟蓋起，敏感的文學家們關心即將逝去的江戶文化，因此以下町做為書寫素材，悼念一個舊時代的離去。

1 永井荷風

描寫下町文化的文人，大部分都出身於社會上層，有些還曾經在國外待過一段很長的時間。小說家永井荷風（一八七九年～一九五九年）就出生在小石川金富町的有錢人家。

他的爸爸永井久一郎（一八五二年～一九一三八年），在幕末時就已經看到時代趨勢，留學美國，在普林斯頓大學取得學位，當時能有那樣經歷的人並不多。

永井久一郎想把兒子永井荷風培養成金融和銀行界的專業人員，然而永井荷風鍾

情於文學，精通法文和英文，在美國與法國待上五年，所寫的《美國日記》（あめりか物語）和《法蘭西日記》（ふらんす物語）使他在日本的文壇得到了一定的名氣。

留學回來的永井荷風在慶應大學找到了教職，父親也不再強迫他往銀行界發展，讓他得以專心寫作。

他的作品始終懷著濃濃的鄉愁、對江戶文化的憧憬、對下町文化的執著，或許他本來就是念舊、懷舊之人，也可能是留學法國時，讀了歐洲十九世紀末期頹廢風格的相關作品。

永井荷風就像巴黎的波特萊爾，在快速現代化的東京生活，流連於花街柳巷、傷春悲秋，抱怨現代文明帶來的破壞。像他這般的文人有時行為放蕩，彷彿像落魄的流浪漢，在街頭散步、踽踽獨行。

2 散步是人生的目標

這樣的「散步」，或許是面對發達資本主義的抗爭方法之一，當所有人都得按表操課，汲汲營營於生計，永井荷風卻腳踏木屐，手持蝙蝠傘，信步而行。他往往沒有目標地散步。《荷風的東京散策記》這樣寫著：

來到電車線後方殘留都市更新前的老街，或仰望寺廟眾多的依山小巷中的樹木，或見到架在溝渠、護城河上不知名小橋等，總覺周圍寂寞的光景調和了我的感情，一時之間令我產生難以離去的心緒。心扉為那些無用感慨所打動，比什麼都欣喜。

他散步不為了什麼，就只為了在下町的市場、小巷或是寺廟中看到消逝的江戶文化。他的一生似乎只為了緬懷而活，活在一種情緒之中，冷眼旁觀著一切。

永井久一郎死後留下一筆遺產，雖不夠永井荷風揮霍渡日，但足以讓他不用賺錢也可以過著這樣到處散步的生活。他結婚似乎也是為了父親而結，父親一死，他就離婚了，從此大隱隱於市，只有木屐和蝙蝠傘陪伴著他，在東京的大街小巷中漫步。

永井荷風喜歡自由自在的人生，但卻觀察如微，在小巷望見浮世繪的種種、庶民百態，他寫道：

潛藏向陽大街上看不見之種種生活。有貧窮生活的淒涼，有隱居者的平靜，也有失敗、挫折、窮迫的最終報酬。既有情侶的新家庭，也有豁出性命私通的冒險者。因此，雖然小巷窄而短，但極富趣味與變化，宛如一部長篇小說。（出自《荷風的東京散策記》）

從永井荷風的作品中，可以感受到他對淫祠、渡船、小橋、溝渠的千姿百態有著無比興趣。路邊的銀杏樹、路邊的花草也為他所眷戀，三色堇、蒲公英等春草，桔梗、牛郎花等秋草……他能在車前草的花中看到清爽中的蒼白，在莎草的穗子中體驗到絹般的細柔。閱讀他的文字，彷彿與他一起走過山邊或坡道旁的小廟，一起關注著頹圮的寺牆和枯萎的籬笆，一起在雜司之谷鬼子母神社的林木間看見夕陽的餘暉，一起在九段坂、神田駿河臺上遠眺富士山。

永井荷風在巴黎時喜歡從蒙馬特山丘上遠眺巴黎，他不喜歡寬闊修整後的現代馬路，喜歡高高低低蜿蜒的小巷，最好坡道還有點起伏，所以銀座和日本橋那種平坦的大道自然不是他散步的地方。

他喜歡帶點距離看東京，從小山丘愛宕山一覽「丸之內」，由御茶水的昌平坂眺望神田川；月圓晴空之夜則適合從牛込神樂坂、淨琉璃坂眺望，他寫道：

城濠堤壩上連綿老松婆娑之影映於靜靜水面上，任誰都不能不對東京如此絕景驚嘆不已。（出自《荷風的東京散策記》）

有本東京的旅遊雜誌就取名《荷風！》，散步雖然不是永井荷風所獨創，但他對東京下町的描寫形成了一股潮流，他對城市景觀的觀察與描寫，成為東京散步的代名詞。後人為了紀念他，也喜歡走一趟他的行走之地，試圖為東京留下更多書寫。

二、市民的狂歡與祭典：阿波舞

東京的夏季過於炎熱，但炎炎夏日似乎不是只能在家裡吹冷氣。四季分明的日本，在仲夏逐漸走向秋天的時候，最熱鬧的祭典也在全國各地展開。

以往對於祭典的印象，似乎只是農業社會的活動，大家在農忙之餘敬天祭祖，放下平日的重擔，在歡欣鼓舞的慶典中享受食物、舞蹈、音樂，可以暫時放下人與人之間的界線與社會的種種限制。

大家印象中的日本人總是循規蹈矩、正經八百，然而他們在酬神的祭典中，卻可以大方跳舞、大聲喧嘩。男人在某些祭典中赤身裸體、扛著神轎；女人也可以穿著浴衣，在人群中感受歡樂的氣氛。

「祭」在日文中本來是指祭祀祖先或神靈的儀式，在時代變化中，逐漸結合飲食和娛樂的功用。

現在日本人的「祭」，除了傳統寺廟、農村儀式以外，還延伸到各級學校的「學園祭」、施放煙火的「花火祭」、商店街的「特賣祭」等慶祝活動。日本的民俗學奠基者柳田國男（一八七五年～一九六二年）在《日本的祭典》中指出：

祭典原本是農民崇拜自然的表現，一般在神道教的神殿中舉行。隨著社會發展，以京都為首的都市開始出現，都市文化日趨豐富，吸引遊客的大型祭典儀式也隨之流行起來。

我們先來看看京都七月的祇園祭，其久遠歷史和規模龐大，聞名世界。祇園祭起源於公元九世紀中期，原本是在瘟疫蔓延時才舉辦的敬神祈福儀式，後來成為固定的活動。每年由不同的行政區負責，各町家在活動前即開始組裝山鉾、清洗整理、準備祭祀用品。而其中呈現的傳統工藝，在一代一代繼承中，裝飾更加繁複，例如最主要的神轎，就越來越精美。

祭典不只可以活化傳統，將傳統整合性地表演出來，也可以創造地域的文化。附近的村落、社區也透過祭典，呈現自身最驕傲的食物和工藝，成為市集。祭典不僅可以延續文化，還可以消費，創造經濟的成長。

那麼東京的祭典又如何呢？

1 阿波舞

五光十色的東京有著最前衛的時尚資訊，但構成其文化最重要的部分還是來自於傳統。這個傳統不在博物館之中，而是在不同街區創造出新的文化與新的祭典。

農曆七月時，日本各地寺院都舉辦祭典。在臺灣有中元節，而日本則是盂蘭盆節，農曆七月一系列活動都和逝去的祖先相關。盂蘭盆節儀式除了受到中國傳來的佛、道教影響，還有日本本身的神道信仰和柳田國男所謂的「氏神信仰」（註6）。

結合了不同傳統的盂蘭盆節，日本人還增加了舞蹈表演，在節日期間，各地寺廟都舉辦不同的盂蘭盆舞，目的是酬神和敬祖。現在最有名的盆舞當屬四國德島的「阿波舞」。德島的民間舞蹈超過五十種，有「祈雨舞」、「太刀舞」、「精靈舞」等，所以喜歡跳舞的德島人在盂蘭盆節當然也要跳一下。

盂蘭盆節的宗教性在江戶時代逐漸降低，隨著庶民文化的發展，節日的氣氛越來越濃厚，此時是大家趕市集、跳舞、看表演的日子，全國皆然。

江戶時期的德島民眾對於跳舞相當熱中，跳舞搭配華服，廣為流傳，德島藩主還下過好幾次禁令。但他們後來不只盂蘭盆節跳，也在不同時間跳，賦予不同的名字，即是現在流傳的阿波舞。

阿波舞後來不只在德島，還在日本各地流傳，成為日本的國民舞蹈，全國共有六十多個地方在七月有阿波舞祭。日本關東地區的三大阿波舞祭典分別是：

東京高圓寺阿波舞祭。

神奈川大和阿波舞祭。

琦玉南越谷阿波舞祭。

其中又以高圓寺的阿波舞祭規模最為龐大，僅次於阿波舞的誕生地德島。不知道大家有沒有印象，連上海世博會也有阿波舞的表演節目。

圖4-1

阿波舞

圖4-2

阿波舞

圖4-3

阿波舞

圖4-4

阿波舞

2 東京高圓寺阿波舞祭

阿波舞的韻律很簡單，手足交錯向前揮，搭配著兩拍的節奏，簡單易學，透過舞者的不同予以劃分，有女孩舞、男孩舞、男女混舞、男子舞和女子舞五種。舞步雖然簡單，但變化多樣，加上男女老幼都參加，不同年齡層的舞者展現出不同的樣態，使觀者目不暇給。

祭典是人與人之間的活動，雖然可以預演，但動態的展演處處可以表現力量與能量。阿波舞在行進之中跳舞，不需要廣場，邊走邊跳，穿越市街之中，可以讓更多人圍觀。輕鬆的曲調，展現出活潑的氣氛。女生頭戴烏追帽，穿著緊身的浴衣，表現肢體的美感；而男子的「紙鳶舞」則較為奔放，有著大幅度擺動。

高圓寺阿波舞祭在八月底晚上五點到八點開跳，由二十九個連隊組成，「連」的組成可能是同一個社區，或是同一條商店街，每個連隊都有其歷史傳承，各有不同顏色的服裝及隊伍的組織方式。

有一年我在東京中央大學的多摩校區參加「第七回中國中古史青年學者國際會

議」，雖然從多摩到高圓寺得花上一個小時的時間，但參加祭典的動力使我在研討會之後，趕去躬逢其盛。我大約晚間六點半到達ＪＲ高圓寺站，從站外傳來震天的聲響，附近已經陷入一片瘋狂。所有的道路都禁止汽車通行，今晚道路屬於所有居民，是無拘無束的表演場地。

舞者在場中盡情地跳舞，圍觀的群眾也跟著節奏舞動起來，大家都被歡欣的氣氛感染。當天晚間七點下起了一場小雨，但沒有淋溼衣裳，反而更加涼快，舞者在舒服的溫度中更賣力地演出，群眾也提高了興致，每個人似乎都專注在熱鬧和歡欣的氣氛之中。

三、博物館的誕生：東京國立博物館

中文的「博物館」一詞來自日文的漢字，後來使用中文的人完全地參照日本人的翻譯。

翻譯這個詞的人是福澤諭吉，他在參觀十九世紀歐洲的Museum之後，在《西洋事情》之中將歐洲這種為了傳播知識而陳列物質文化、古代器物和稀有寶物的地方叫做「博物館」。福澤諭吉也觀察到，礦物博物館陳列著不同的礦物、寶石、金屬，並且加以分類和標示；動物博物館就展示各式各樣的動物、魚類和昆蟲；而植物博物館就陳列植物。

1 教育國民的博物館

十九世紀的歐洲博物館主要是為了「展示」剛形成的國家，形塑當時公民的國家認同，也為了增加國家在國際上的文化實力。

一個人身為哪一個國家的國民或公民不是一件理所當然的事，不是自己可以事先決定的，所以要怎麼理解一個國家的文化，需要被灌輸、需要學習。而博物館的建立就是在訴說著一個國家的過去。

不只西方，東方國家的歷史進程也是如此，只是時間上延後了一些。

明治維新之前，原本的日本人束縛在世襲的階級制度中——天皇、貴族、將軍、武士、平民或是奴隸——被限制在各個大名和諸侯的管轄之下。當時的人只理解自己屬於哪一個階級，是在哪一個藩下之人。但明治維新後，國家統一，原本各個地域的人都變成「國民」。國民在成為國民之前，是不懂得怎麼當國民的，所以國家博物館就承擔了一部分的教育工作。

2 東京國立博物館的建置

在上野公園內的東京國立博物館，不只是一座博物館，可以說是博物館群，除了本館外，還分成東洋館、平成館、表慶館和法隆寺寶物館等。

坐北朝南的主體建築是主館，右側則是坐東朝西的東洋館。東洋館有十個展覽室，主要陳列日本以外的亞洲美術、工藝品和考古文物，第一層為中國雕塑；第二層則是中國書法、繪畫和青銅器等文物。面對東洋館，坐西朝東的是表慶館，為一九〇九年完成的建築，現在只在專題展覽時開放。法隆寺寶物館在東博建築群的西南角，共有三百多件文物，為了收藏一八七八年由法隆寺獻納給皇室的文物而建。平成館則位於西北角，以迴廊和主館連接，為紀念現在皇太子德仁親王成婚而建。從建築風格來說，東京國立博物館群每棟都不大一樣，分別完成於不同時代，都有歷史和時代的痕跡。

二〇一二年，東京國立博物館慶祝成立一百四十周年，往前推回去，成立的時間應該為一八七二年，也就是明治五年。

然而事實上，上野公園內的博物館直到明治十四年（一八八一年）才由英國建築師 Josiah Conder 完成，確立了博物館位址。這樣的話，究竟前面幾年的博物館位於何處呢？

3 國家的歷史要怎麼呈現？

明治政府剛成立時，對於自己國家的歷史要怎麼呈現，也花了一番心思，究竟什麼樣的文物才算國家的文化呢？繪畫、陶瓷、書法等藝術算是國家的文化？日本所特產的蟲、林、鳥、獸，算不算自然文化或是自然史呢？

除此之外，博物館這樣的建設是從外國學習而來的，似乎因為別的現代國家有，所以日本人也得要有。明治政府特別在文部省之下設立博物局，明治五年（一八七二年）在湯島聖堂舉辦的博覽會，被當成東京國立博物館的前身。

一八七三年，日本參加奧地利維也納的萬國博覽會，成立博覽會事務局以處理相關事務。除此之外，政府也開始訂立「國寶」的標準，一些以前私人收藏的美術作品、雕塑，寺院中的書籍或是代代相傳的佛像，將軍和大名所收藏的器物，都描摹並列冊。明治五年的「壬申檢查」，開始一一確認國寶，防止失勢的諸侯或是華族將這些東西變賣。

「壬申檢查」以奈良、京都、志賀、三重等古代神社寺院為中心，進行寶物調查，由文部省派出的町田久成（一八三八年～一八九七年）擔任負責人，後來成為東京國立博物館的首任館長。他出身薩摩藩，在幕末時期為薩摩送出的英國留學生。當他參觀大英博物館及巴黎萬國博覽會後，深感國家博物館對凝聚國家認同的重要性。

町田久成以關西的古代神社和寺院為中心，進行寶物調查，明治五年八月十二日與敕使一同開封正倉院的寶物，對於古物進行攝影、臨摹、採集拓本等工作。當時所使用的臨摹以及拓印的工作相當扎實，很多清晰的摹本至今仍存放在東京國立博物館中。

町田久成對建立國家博物館有一套自己的想法，他認為人文、自然史、產業都必須包含在內，所以必須具有博物館、動物園、植物園、圖書館等大型園區。他的想法後來具體落實在上野公園內的上野動物園、東京國立博物館和東京國立科學博物館。

4 博物館的建築

明治十九年在上野公園成立的東京國立博物館，也是Josiah Conder所建，他的建築教育得自倫敦大學，將後半生都奉獻給日本的建築。他與同時代的英國建築師相同，都深受東方主義的影響，在建築上主要呈現撒拉遜（Saracenic）風格。

撒拉遜，指的是今天敘利亞到沙烏地阿拉伯之間的沙漠牧民，廣義上則指中古時代所有阿拉伯人。撒拉遜的建築風格其實並不是阿拉伯人自己創造出來的，而是西方人指涉阿拉伯人建築風格的一種泛稱，

後來英國殖民印度時，還出現一種印度撒拉遜風格，建築的骨架還是歐式風格，外表點綴一些伊斯蘭或是印度風格裝飾，普遍表現於殖民地建築。

從英國來的 Josiah Conder，覺得日本以往的木造建築和西式建築無法搭配，所以在撒拉遜風格中找靈感，設計了他所說的「偽撒拉遜風格」（Pseudo Saracenic）的博物館。

但那時的博物館因為關東大地震，現在已不復見。當初的設計圖還留存著一部分，目前任教於波士頓大學的臺裔美籍學者 Alice Y. Tseng 在其專著《明治時代的帝國美術館》（The Imperial Museum of Meiji Japan）中曾經將其復原，並且試圖尋找 Josiah Conderr 設計這座美術館時的想法。

5 日本趣味的西洋式建築

從明治、大正走到昭和時期，日本從一個貧窮的前現代國家，歷經維新，變法圖強，對外發動戰爭，在戰場上贏了中國、俄國等歐亞強權，對於自身的文化開始較有自信，也具體地展現在其建築風格上。

重建的東京國立博物館本館，不再依靠外國人，不再受外國人分不清伊斯蘭、中國和日本的影響，日本人知道如何利用西方的建築工法，建造具日本特色的博物館。

與 Josiah Conder 建立的博物館相比，復興後的本館更強調日本風味，採用建築師渡邊仁的設計，是以日本趣味為基調的東洋式建築。建築本體採用混擬土鋼筋，而風格則是日本式，兩者形成所謂的「和洋折衷」。以木造的和風屋簷為其特色，使用「切妻造」，即「懸山式」的建築，為東亞傳統建築常見的一種屋頂形式，屋頂的檁伸出牆外，還加入破風、垂木、組物和高欄等日本建築常用的樣式。

除此之外，正面入口處最為著名的就是「帝冠樣式」的屋頂，以斗栱再加上琉璃瓦，模仿日本神社。東京國立博物館為最早使用此一樣式的建築，類似的設計也在殖民地臺灣能見到，像高雄車站。

從重建後的本館可以看到日本對於西方建築的吸收與轉化，他們採用西方建築耐震和防火的功用特性，再加上和風的樣式，展現出融合後的特殊性。

圖4-5

東京國立博物館

圖4-6

東京國立博物館帝冠樣式的屋頂

圖4-7

東京國立博物館大廳

圖4-8

深秋的東京國立博物館外一景

四、「美術」的誕生與東京博物館建築群像

二〇〇一年，東京國立博物館和東京國立現代美術館舉辦特展「解讀美術館——表慶館和現代美術」（美術館を読み解　表慶館と現代の美術），從展覽的名稱即能發現表慶館和西洋現代美術傳進日本的關係。

1 「美術」的誕生與表慶館

和「博物館」這個詞彙一樣，中文的「藝術」或「美術」這兩個詞彙也是日本人創造的漢字，是明治維新時期日本人接觸 art 所創造的詞彙。就像中國的傳統分類「琴棋書畫」一樣，日本以前只有「書畫古董」等不同技藝，當然沒有西方 art 的概念。按照著名的藝術學家神林恆道的講法：

繪畫剛開始譯為「畫學」，風景畫與靜物畫則分別為landscape、still-life的翻譯語。一般說來，他們被視同為「山水」、「花鳥」的對應物而被接納，但是事實上卻無法完全呼應、等同。舉例來說，嚴峻的水墨山水世界，與陽光撒落遍布的印象派風景畫，在感官上充滿了異質性。靜物最原初的語源為「死去的自然」（natura morta），但是東方花鳥的世界中，描繪的都是飽含生命力的花草、鳥獸、魚蟲。

西方傳入的觀念，不一定在傳統的日本美術當中找得到對應的概念。明治時代採用西方的分類，將以往的書畫歸類為「古美術」，而新傳入的油畫、版畫等西式畫法為「美術」。在東京國立博物館旁邊的表慶館，即是展現日本現代美術而成立的場所。

明治四十一年（一九〇八年）完成、隔年開館的美術館，是赤坂離宮（現迎賓館）、奈良、京都兩個國立博物館的建築師，也是宮內廳的御用建築師片山東熊所建，為了紀念當時的皇太子（之後的大正天皇）成婚。

表慶館的建築強調對稱與空間的特性，中央的大圓頂，搭配左右對稱的小圓頂，以青銅打造，整體風格為新巴洛克式風格。煉瓦及磚造的外牆，砌上白色的花崗岩，一樓為四角柱、二樓則是愛奧尼亞柱式（註7），正面立著兩隻獅子，這座建築和臺北館前路的臺灣博物館最類似，兩者幾乎完成於同一個時代。

關東大地震發生後，由於東京國立博物館本館嚴重毀壞，倖存的表慶館就開放給一般民眾參觀，以維持博物館的營運，一直持續到昭和十三年（一九三八年）本館重建之後。

2 父子檔所建的東洋館與法隆寺寶物館

前文提到東洋館，主要陳列日本以外的亞洲美術、工藝品和考古文物；而法隆寺寶物館則收藏法隆寺獻納給皇室的文物。兩者分別為谷口吉郎和谷口吉生所建，於一九六八與一九九九年完成。

谷口吉郎和谷口吉生是父子，在日本建築學界是一對傳奇的父子檔，為東博留下兩棟獨具風格的建築。

谷口吉郎在一九二〇年代接受建築教育，師從日本建築大師伊東忠太，他一生主張將亞洲的建築風格融入西洋的骨架之中，特別強調日本的風土，為建築增加新的血肉，重要作品包括東宮御所、東京國立近代美術館本館、帝國劇場、出光美術館和大倉飯店的大廳。

東洋館在建築的特色上遵循谷口吉郎的建築哲學，以日式房子的「高殿造」為設計風格，將房屋的主體墊高。日式房子的另一個特點即是「緣側」，即房舍外緣有多出來的通道。東洋館也以緣側迴廊圍繞，正面以八根柱子形成平衡穩定的感覺。

谷口吉郎在日本建築界相當出名，但是他現在常因兒子谷口吉生的大名而被世人注意。

谷口吉生本來不想當建築師，他先在慶應大學就讀機械工程，還沒讀完便去哈佛大學接受正式的建築教育，是二次戰後日本第一批出國攻讀建築的建築師之一。

回想一九六〇年代的建築，早年柯比意的現代建築已經開始被挑戰，當時的歐洲與美國都開始思考新建築的可能性，嘗試將城市和人結合。

從谷口吉生的建築來看，還是看到強烈的日式風格，相當強調精確與俐落，或許受他早年學習工程的影響，建築巧妙地利用牆面和樓板，將空間以多樣化的塊狀呈現，展現出流動的感覺，使得觀者的視線隨之轉移。他的作品從來不譁眾取寵，而是以簡單的幾何圖形，與周邊的環境結合，沒有繁瑣的建築語言，以對稱的比例和簡單的線條，打造豐富的光線與空間層次。

法隆寺寶物館被周圍公園的綠樹所環繞，位於表慶館的後方，我造訪時，秋日的楓葉正紅，穿過美麗的楓樹後，柳暗花明又一村，看見清澈的池水。淺淺的池水用來映照四周的光影，使周邊的景色與建築融合。

或許可以把法隆寺寶物館描述成一個立方體，在綠樹環抱的東博建築群中，它沉靜地守在一個角落，而到訪者可以通過水池上窄小的石板橋，走進這座寶物館的入口。進入之後看見寬敞且明亮的空間，令人眼睛一亮，確實像一座收藏珍貴物品的祕密場所。

展廳之中，精巧設計的照明燈光讓參觀的動線清楚，四周的光線保持黑暗，只有珍藏的寶物被柔和的燈光照亮，突顯寶物的神祕與珍貴性。

整體的建築像一個石頭製成的盒子，谷口吉生的靈感來源就是收藏珍品的寶盒，盒子的入口以大片透明玻璃區隔，從外面看，大片的玻璃映照著周圍的景色，隨著四季的風景而轉化，宛如一幅隨時變動的畫。進入室內後望著室外風景，玻璃消融室內與室外的空間感，讓寶物館成為一座可以親近、得以進入的建築物。

法隆寺的寶物可以追溯到公元七世紀，為佛教一開始東傳日本時所留下的珍品，除了日本製作的寶物外，還有從中國得到的稀世珍品。

而當我從寶盒的內部走出來時，看著外面的楓葉及藍天，深秋的陽光透過大片玻璃過濾而撒落在館內大廳中，這般風景一點也不輸館中的寶物。

圖4-9

表慶館

圖4-10

表慶館

圖4-11

寶物館

圖4-12

寶物館

五、動物園的誕生：上野動物園

我常去東京，有些地方雖然很有名但卻不會想去，像是上野動物園，直到有了孩子之後才前往參觀。孩子讓我瞭解生活的更多面向，並看到城市的不同層面。

上野動物園是東京居民和孩子們平日的好去處，但可能很多人不知道日本「動物園的誕生」就在上野。從上野動物園的發展來看，可以看到西洋文化如何在亞洲生根，並透過動物園看到日本的近代史，不論是模仿西方、侵略亞洲到戰後的《和平憲法》，都可以在動物園的歷史中看到蛛絲馬跡。

1 動物園的誕生

「動物園」這三個字怎麼來？雖然是中文，卻是日本人用漢字書寫後，才被中文世界所使用，而創造「動物園」這個詞彙的就是福澤諭吉。

福澤諭吉在一八六二年，明治維新之前，前往歐洲幾個大城市，例如倫敦、巴黎、鹿特丹、阿姆斯特丹和柏林，去瞭解富強的方法。

他明白，要求得富強，不只得看船堅炮利的兵工廠或是生產火車的工廠，也要看博物館、動物園，瞭解西方人怎麼消遣、陶冶身心。

當時一行人的日記寫著「遊園」、「禽獸園」、「鳥獸園」、「畜獸園」，我們或許可以想像使節團當時的驚訝。他們在倫敦的動物園，第一次看到長頸鹿，寫下：「豹紋驢足，只吃木葉卻不吃草。」

這群穿著武士服並第一次參觀動物園的人，想著：「西方人平常就是看這些東西，才和日本人具有不同的視野和先進的文明啊！」

「動物園」這個詞彙第一次出現的時間是一八六六年，福澤諭吉在《西洋事情》這本書介紹他在西方的所見所聞，提到動物園時，他是這麼說的：

動物園畜養活的禽獸魚蟲，獅子、犀、象、虎、豹、熊……世界上的珍禽奇獸都養在園內，並且根據牠們的習性給予不同的食物，具備冷熱潮溼乾燥的設備。

福澤諭吉果然是大師，對於西方文化的掌握，從大學的創設到動物園，都有精確的認識。在福澤諭吉寫下了「動物園」這個詞彙十六年後，動物園也在東京的上野開幕了。而選擇在上野設置動物園還有周邊的附屬設施，與同時在上野設置的東京國立博物館有關。

2 做為博物館一部分的上野動物園

上野公園有一系列的博物館群，像是東京國立博物館、國立科學博物館、上野之森美術館、近代美術館等。設計者町田久成認為博物館不只要展示古物，還必須包含人文、自然史、產業。他的想法後來具體落實在上野公園內的不同博物館之中，而動物園也在這樣的大計畫中被包含進去。

上野動物園一開始設立在博物局之下，這塊土地本來是德川幕府東照宮的所在之處，廣大的土地都是森林，被茂密的大樹所覆蓋。上野動物園開園的時候向大眾展示的有鳥獸室、豬鹿室、水牛室、小禽室和水族館等，一個小型動物園的陳設已經具體而微。

近代國家動物園的特徵就是向民眾公開，博物館中的古物也是如此。以往只有皇室才看得到的珍禽異獸和稀世珍寶，現在都屬於國民所共有。

上野動物園的完成，象徵了一個文化的形成。

3 與宮內廳的關係

上野動物園發展過程中相當重要的一環，是開幕四年（一八八六年）後，轉移到宮內廳管轄。

本來上野動物園的上級單位是博物局，博物局隸屬於農商務省。當初成立的目的是要提倡產業和研究自然史，振興日本的產業，而動物園也是其中一環。

但後來博物局最主要的業務變成古物的登錄、整理與保存，明治政府認為這些以往的珍稀寶物還是由天皇直轄的宮內廳來處理較為適合，所以上野動物園也一起轉到宮內廳。

延續博物局的工作模式，上野動物園主要保存日本境內的物種，而非自然科學的發展。因此，上野動物園也收納了皇家的動物。

日清戰爭後，日本勝利，在中國獲得的動物或戰爭期間有功的動物都呈上給天皇。做為宮內廳的上野動物園就成為這些動物的收容處，像在旅順所捕獲的雙峰駱駝，送到上野動物園時剛好產下了小駱駝，在當時成為話題。

關東大地震也對上野動物園產生很大的影響，當時東京居民流離失所，所以天皇開放上野公園成為避難處。

4 東京市民的休閒地

關東大地震時上野公園成為東京五十萬名市民的避難處所，讓宮內廳開始思考上野公園和動物園的未來方向，想讓上野公園成為市民的共同休閒地，而非皇家所屬，所以在震災過後，上野公園（包含動物園）下賜給東京市的公園課。

事實上，在同一時期，大阪、京都和名古屋三個大都市都有自己的市立公園，只有東京沒有。上野動物園其實早就成為東京市民生活的一部分，長頸鹿和河馬等動物入園後，讓民眾對動物園大感興趣。

在關東大地震發生前，東京市民到動物園的人次已經超過一百萬人，所以與其由天皇直轄地的宮內廳管轄，不如下放給東京市。

從日本動物園的設置也可以看到日本近代化的演進，從福澤諭吉認識動物園，到一九三九年時，日本已經有十七座動物園。外加當時屬於日本帝國一部分的臺北動物園，一共有十八座。當時也成立了的日本動物園水族館協會，由上野動物園園長擔任會長，協會負責討論動物園的展覽、發展和功能。由此可見，當時的動物園已經成為日本現代生活文化的一部分。

二次世界大戰也波及了上野動物園，當人都吃不飽了，動物也不會太好過。東京大空襲時，大量燒夷彈落在公園內，造成動物死亡和房舍損毀，加上缺乏食物，很多動物都餓死了。

圖4-13

上野動物園正門

圖4-14

象徵中日友好的貓熊區

圖4-15

上野動物園裡的貓熊本尊

5 做為親善大使的上野動物園

日本戰後由美軍接管，上野動物園的復原一開始是由美國人負責，他們從美國國內動物園中運送了一些獅子、老虎到上野動物園，是戰後日本動物園較缺乏的動物種類。

日本方面也選了一些日本的特有動物送到美國，做為交換，像是鳥取縣特產的日本山椒魚。

隨著戰後日本與其他國家恢復正常關係，動物的交換成為象徵友誼的禮物，像是印度來的大象、中國來的貓熊都成為上野動物園一時的動物明星。透過交換動物，瞭解他國的動物，促成兩國人民的認識。上野動物園將動物視為國際和平的親善使者，有所謂的 zoo is the peace 的想法。

從上野動物園的歷史，我們可以看到亞洲第一個西化的國家如何學習西方，建立起動物園。在一百多年的歷史中，上野動物園不只是動物的繁衍而已，牽涉到文化和社會如何觀看動物，並利用動物做為政治和外交的工具。

六、建築的神啟：東京聖瑪利亞大教堂

各行各業都有大師，大師創造出時代的方向、建立標準，讓後起的人得以追隨；大師樹立起高度，讓晚輩得以站在其肩膀上，看得更遠。

前文提到的代代木競技場的設計者丹下健三，他不只是大師，在日本戰後的建築界更像是一個國王，丹下的兒子丹下憲孝如此描述他父親所創造的王國：

他不是那種千方百計在每一項設計中都加入自己風格的人，對一個絕對的國王來說，無須親自建造帝國的每一個角落，別人也會百般追隨他的喜好。

1 反映時代，領導未來

時代的因素或許可以解釋一個大師如何崛起的原因，但並不完全，大師的作品不僅可以反映時代，還領導未來的方向。丹下健三出生於一九一三年，活動的高峰主要在一九六〇年代，由於日本當時經濟高度成長，東京奧運和大阪世界博覽會相繼舉辦，人們對於科學、技術文明有著樂觀的態度，相信時代會隨著科技的日新月異不斷進步，丹下的建築就反映了這個時代的特色。他經歷戰爭的洗禮，直到戰後才得以大顯身手。日本本土在戰爭的摧殘後，很多地方都成了一片廢墟，尤其是廣島和長崎這兩個遭受原子彈蹂躪的城市。

丹下健三第一件獲獎的作品就位於廣島，這個象徵日本從廢墟中迎向未來的城市。他在「廣島城復興和平紀念城市建設法」的競賽中，設計廣島未來的發展——以廣島和平廣場為核心，設置城市軸，其中還有原子彈爆炸的陳列館、慰靈碑。在建築中，最令人震撼的畫面就是一棟原爆後尚存的殘破建築，它遙遙地與慰靈碑相對，整體的設計相當簡潔，透過刻意放大的規模讓建築增加紀念性。

使丹下健三成為當代建築大師的作品，當屬一九六四年東京奧運的主場館代代木競技場，他也在代代木競技場完工的同一年，完成了東京聖馬利亞大教堂，創作力和技術能力都達到了巔峰。

2 神聖的空間

東京聖瑪利亞大教堂本來完成於一八九九年，為木造的哥德式建築，不幸於二戰時燒毀。為慶祝日本政府承認天主教一百周年，於一九六一年開始競圖，當時參加的建築師都是一時之選，除了丹下健三之外，還有谷口吉郎，也包括丹下健三的老師前川國男。拿下優勝的丹下健三當時並非天主教徒，並不瞭解天主教的教義，而是想要設計出一個具有神啟的空間，他說：「要讓人不論站在哪個角度，都看不到教堂空間全貌的神祕空間。」

在建築的外觀上，丹下健三使用了「雙曲拋物面的薄殼結構」，使用混凝土鋼筋的薄殼建築在一九五〇年代開始成熟地利用在建築上，知名的建築像是雪梨歌劇院，臺灣東海大學的思義堂都使用同一種技術。丹下健三與結構技師坪井善勝不斷討論，將技術與設計發揮得淋漓盡致，在超過三千六百平方公尺的空間中，將八片RC的薄殼面以十字形直角交叉，構成雙曲拋物面，使建築的構件較為輕巧。

聖瑪利亞大教堂的薄殼結構不是幾何形狀，而是不規則的傾斜三角形，有如一隻等待飛翔的鳥，造型與設計即使在今日看來都相當前衛，何況當時沒有電腦可以計算結構，在施工上更為不易。教堂外部以閃閃發光的不鏽鋼象徵聖母與基督的光輝，在東京的天空下照射社會與人類的心靈。相較於外表的輝煌，內部則是如同洞穴一般的空間，薄殼曲面之間的玻璃將外面的光線引入。丹下健三的想法是：「在神聖的空間之下，為什麼需要柱子呢？神指引我用牆來延伸成屋頂，而屋頂再延續成牆，使空間結構產生了連續。」

與西方的天主教教堂不同，這裡沒有太多裝飾與彩繪玻璃，內部由清水混凝土形成樸素的空間。在高達四十公尺的廣闊空間中，連續且開放，透過外部光線將視線引導至前方的十字架上。在這樣的建築中，人的心自然地沉澱而寧靜，謙卑地敬仰著造物主。

丹下健三作品當中，我最喜歡的正是超過半世紀的東京聖瑪利亞大教堂。大多數的教會都將大門正對馬路，然而設計聖瑪利亞大教堂時，丹下健三讓參拜者先走到盧爾德之泉，再走入聖堂。我在一個平日的午後，從JR目白站走出來，安靜地在文教區與住宅區中散步，但在遠處不易察覺到聖瑪利亞大教堂。走進只有寥寥數人的教堂內，似乎感受不到宗教的神啟，而震撼於整體的空間設計。

丹下健三並非天主教徒，直到晚年才受洗，而建築大師的葬禮就在自己所設計的教堂中舉行。他不只是一個建築大師，更帶領了一批後起之秀，並成為第一位獲得普立茲建築獎的亞洲人。廣島和平紀念公園、代代木競技場和聖馬利亞大教堂都是丹下健三早期的作品，也是他創造力最豐富的時候，他不只蓋起一棟一棟建築，更思考文化、傳統，與建築機能性、與城市及社會之間的關係。

二〇〇五年，丹下健三以九十一歲的高齡去世，大弟子磯崎新宣讀弔詞：

丹下最大的功績在於通過國家的重大活動，讓世界認識了日本的現代建築，與其說他是建築設計師，還不如說他是位管弦樂隊的指揮家，隨著他的去世，也代表了一個時代的結束。

弔詞中還一再地強調「意志」，說明丹下健三一生的堅定理想，而這也是他留給後世的「遺言」。

圖4-16

東京聖瑪利亞大教堂外觀

圖4-17

東京聖瑪利亞大教堂內部

七、與時代共生：代謝派與國立新美術館

一九六〇年五月，世界設計會議（World Design Conference1960）於東京召開，不少工業設計者和建築師齊聚一堂，討論「二十世紀的整體映像」（Total Image for the 20th Century）。為了準備大會主題的內容，一群年輕的建築師每晚在有樂町的旅館「柳月」聚會，經過一段日子討論後，決定以「人」、「自然」、「社會」三個概念的「三角構造論」，做為建築與社會、建築與環境之間的聯結。

具體來說，人—自然之間是生產設計（Product Design），而人—社會之間是溝通設計（Communication Design），而社會—自然之間則是環境設計（Environment Design）。

這群設計師引領了日本戰後的建築界，丹下健三和他的年輕弟子們，包括菊竹清訓、槇文彥、大高正人和黑川紀章，青出於藍，成為日本建築史上舉足輕重的「代謝派」（Metabolism）。

1 代謝派

「代謝派」企圖從日式的建築想法中推演出一個普世的概念，為未來社會提出願景。他們的想法多少受到當時科技快速進步的影響，認為人類社會是「從看不見的原子，發展到無窮盡宇宙過程中的小階段」，必須以正面的態度面對不斷變遷的社會，一代一代的延伸與成長就是「新陳代謝」。

新陳代謝是面對時代變遷的正面態度，當人類的需求變化，建築也要隨著時代更新居住的單元和方式，而都市景觀、都市的基礎設施也必須隨著社會與經濟，提供人類所需。日本戰後最重要建築運動「代謝派」因此而產生，在建築史上，它是當時也是唯一一個非歐美地區所發起的建築運動——一個對於建築與設計不一樣的聲音。

「代謝派」是一種建築思想，更是對人類發展方向的一種宣言。日本的建築師除了蓋起一棟一棟的房子外，也對人類的生活空間、整體的都市景觀與環境的關係提出看法。這些想法對於臺灣和中國的建築師們來說，或許太過奢求了。

一九七〇年的日本大阪萬國博覽會，成為「代謝派」建築師們大展身手的場所，會場中央是丹下健三設計的廣場，在廣場中央是藝術家岡本太郎設計的太陽之塔（天照大神的化身），內部的空間設計由畫川添登所設計，呈現了生命演化的主題。更有黑川紀章設計的膠囊型未來住宅，垂吊於廣場中央，互應「代謝派」的想法。

黑川紀章後來於東京設計的中銀膠囊大樓（Tokyo Nakgin Capsule Tower）就是根據萬國博覽會的想法而來。七〇年代的日本和歐美因為都市化的因素，建築和空間設計者普遍關心人與機械、科技文明之間的關係。建築在其中可以扮演什麼角色呢？黑川紀章的代謝論所表現的，就是個體和社群之間的一種空間概念。

中銀膠囊大樓由一百四十個類似膠囊的艙體構成，彼此之間並不對稱，也沒有相互對應的關係。每一個膠囊的居住空間很小，其中有床、廚房和衛浴設備，滿足住戶生活的最低需求。

黑川紀章認為每一個膠囊都保障了一定的生活空間，並可以使個人的精神和心理維持一定的健康，又可以維持社會的秩序，使個體得以「共生」（symbiosis）。他說：「共生的思想，是將本質上相同的思想加以調和、妥協、共存、混合、折衷。」

黑川紀章後來針對「新陳代謝」的想法深入思考，進一步發展出其建築哲學。他於一九八七年出版《共生的思想》一書，其後在這本書的基礎上修訂成《新，共生的思想》重新發表，並譯為英文，引起相當大的迴響。

要看黑川紀章的建築之前，需要對其想法有所理解，他認為：「建築重要的並非在建築物本身，而在於其思想。」本來想讀哲學的他，對於建築背後的思想相當重視，故看他的設計不只是看建築本身而已，必須從空間理解人與建築、景觀與社會之間的辯證。

在黑川紀章將近五十年的從業生涯之中，完成的著名作品相當多，除了中銀膠囊大樓，還有知名的廣島現代美術館、國立民族學博物館、國立新美術館。除了日本以外，在全世界四十個國家都可以看到他的作品，像是荷蘭阿姆斯特丹的梵谷美術館新館、吉隆坡新國際機場、中國南京藝蘭齋美術館、哈薩克首都的都市規畫等。

2 國立新美術館

二〇〇七年開幕的國立新美術館，位於東京的六本木，是黑川紀章在世時所完成的最後一件名作。新美術館究竟「新」在何處？從英文名字就知道其定位，本來稱為National Gallery，現在則稱為Tha National Art Center，強調美術館的「展示空間」，而非典藏的角色。這是一座沒有收藏的美術館、一座全國最大的美術展示空間，提供藝術單位公開展示。

為什麼由黑川紀章蓋這棟建築呢？如果不說，實際到過國立新美術館的讀者們可能不知道這座建築是透過舊建築加以改造的，實際上，國立新美術館的前身是一九二八年舊陸軍步兵第三聯隊兵舍。黑川紀章改造舊的軍營，覆蓋原有的建築，並且重新設計正面的外觀。

建築的外觀是由玻璃呈現的彎曲造型，以金屬框架支撐玻璃，兩者都是堅硬的材質，然而建築本身卻呈現連續性的拋物曲線，宛若一層一層的波浪般柔軟，使人容易親近。進入建築之後，在巨大的玻璃帷幕中，正面無柱的空間使得內、外視覺的差異消失，外面廣大的青山公園將綠地與建築融合在一起，而室內兩個高達三層樓的倒圓錐體則是餐飲空間。

進入一般玻璃帷幕的大樓，往往讓人覺得壯觀、僵硬而且冰冷，但是國立新美術館由於有波浪狀的外觀、室內不同高度的圓錐體，再加上室內牆面由一整排暖色系的木條所覆蓋，使得整個空間活潑且溫暖。

我在二〇一三年的十二月造訪這個獲得不少國際建築獎項的傑作，除了欣賞建築本身，還在博物館內享用美食。博物館內的兩個倒圓錐體，一個為餐廳，一個則為咖啡廳。餐廳由法國米其林三星主廚保羅•波寇茲（Paul Bocuse）負責，咖啡廳則由時尚雜誌 Vogue 所營運。

餐廳和咖啡廳都不受開館時間的影響，在美術館閉館之後仍然持續營業，白天可以在此欣賞戶外廣大的綠地，晚上則可以欣賞六本木的夜景，並且享用美食。兩者當初設計的用意或許在活化這個場地，讓不想參觀展覽的人也可以在此欣賞黑川紀章的建築，享用法式美食。

當我在冬日的午間吃完法式料理後，陽光撒入室內，透過玻璃帷幕和金屬框架，效果有如水平的百葉窗，既有遮陽的效果，又不阻擋視線，而且使得冬日的下午也變得溫暖。在窗邊的桌椅上，不少人靜靜地看著窗外，這裡真適合待上一整天。

在國立新美術館開幕的同一年，黑川紀章離開了人世。他的人生相當精采，除了在世間留下相當多作品，人生觀也相當積極。他晚年投入政界，成立「共生新黨」，參與東京市長選舉。雖然沒有勝選，無法以他的想法實踐自己的建築哲學、改造東京的未來，但他一輩子都是實踐的哲學家，用思想、建築改變人類生活的空間、城市與社會。

據說黑川紀章辦公室的牆上掛著一對武士刀，相當地顯眼，或許這可以代表他的人生哲學吧！

圖4-18

陽光撒落在國立新美術館內

圖4-19

國立新美術館俯瞰一景

八、從三高到三低：我們需要什麼樣的建築

現任的臺北市市長柯文哲說如果遠雄沒通過安檢，不排除拆除巨蛋。但是拆或不拆，有沒有對於整個城市建築的思考？

我很喜歡閱讀日本的建築相關書籍，也喜歡在日本各地欣賞建築家的作品。走過東京的不同角落，可以看到丹下健三、安藤忠雄、伊東豊雄、黑川紀章、隈研吾等不同世代建築師的傑作。

現代建築在日本發揮得淋漓盡致，我的意思是，日本人接受現代的建築之後，不僅可以學西方人蓋相同樣式的建築，還可以吸收建築理論、藝術和概念，之後反芻、轉化，結合自身的想法，並且在世界的建築界中大放異彩。

丹下健三、槇文彥、安藤忠雄、妹島和世接連獲得普立茲建築獎，不單說明了他們熟稔於現代的建築形式，還透過自身的思考，影響西方的建築。

1 三低主義

社會學者三浦展（《下流社會》的作者）和建築家隈研吾以對話的形式出版了《三低主義》一書，討論從「三高」到「三低」，社會如何發展，透過建築看見社會，並且思考社會型態所反應的建築形式。

「三高」當然不是時下的用語，指男性的高、富、帥或女性的白、富、美，也不是關於健康的危險狀況，高血脂、高膽固醇、高血糖。三浦展言簡意賅地指出以往都市和建築的思考，點出了三高：

以「偉大」為課題，所以是「高壓的」。

到了近代，就變成「高層」的建築是好的。

一到後現代，在思想上「高尚」的建築，也受到歡迎。

如果我們不希望建築是偉大、高層、高尚的，不希望是必須抬頭往上看的，那我們這個時代需要什麼樣的建築呢？

低價格、低姿勢、低依存是比較好的選擇。選擇汽車也是相同的道理，如果釋昭慧搭的高馬力、高價、高油耗的賓士能夠換成低價、低成本、低油耗的車子，也比較符合這個時代的精神。

我們如果用比較學術一點的字眼，這就是「進步主義」的結束，在物質生產上，不求大規模擴張；在經濟發展上不求GDP的高速成長；在政治人物的選擇上，總統或總理每天搭公車上下班也很好；在食物生產上，不仰賴大規模的養殖與長途運輸，而回歸當令與當季食材。

2 從三高到三低

建築上，像是101那樣高大又巍峨的大樓，令人望之卻步，那象徵著城市的「進步」嗎？頂新就是用黑心油換取入主101的經營權。

這是我們要的「進步」嗎？

從日本戰後建築的發展來說，第一代的大師丹下健三的建築反映當時經濟與技術高度成長的概念，大規模的都市計畫隨之大量增加，但在經濟泡沫化後，很多建築卻因為不符時代的發展而被拆除了。

建築反映時代，時代也反映建築。能夠感受到新的時代趨向的是安藤忠雄，他不是丹下大師的弟子，以自修的方式出道，不再強調高大的建築、昂貴的材質，而是採用倉庫或是工廠素材的清水混擬土，並且重新回收利用舊的建築，使它們重生，像是東京上野的國際童書博物館或表參道的同潤會公寓。

回收舊建築再利用本身就是一種「低」的概念，檢視自己的需求，不再浪費過多的資源。

在「低」的反省下，連戰後建築師第二代的黑川紀章所蓋的國立新美術館，也是從舊的陸軍營舍改造成新的建築，前文已經介紹。

城市需要怎樣的建築呢？

美國大都市在二次大戰後也經歷了生與死。珍・雅各（Jane Jacobs）有名的著作

《美國大都市的生與死》（The Death and Life of Great American Cities）一書中指出，要建立都市地景「亂中有序」的視覺秩序（而非死守單調重複的幾何秩序），要在既有的城市基礎下，奠定重建的具體策略（而非夷平式的另起爐灶），並思考都市計畫和都市更新在行政組織方面的結構問題。我們的城市還需要高樓大廈嗎？或是利用原有空間加以改造就可以了呢？

馬英九和郝龍斌不斷地摧毀臺北市的人文景觀，夷平式的都市更新是最為粗暴且不注重人文和城市歷史的方式。

我高中時候常去的光華商場，總讓我有在橋下舊書攤尋寶的快樂；還有小時候曾經去過的臺北圓環，則是吃滷肉和雞肉捲最有味道的地方。它們都在不注重城市紋理的更新中消失了。

3 光在那裏就快樂的街區

高價、高姿勢、高風險的三高城市不是宜居和可愛的城市。而三浦展和隈研吾的

「三低」：低價格、低姿勢、低依存的都市，具體來說是什麼呢？

舉例來說：街道的居民依鄰里互助的精神，清潔自己的環境，在自家前整理一個小花園，在附近就可以買到當日手作的豆腐和郊區農場所種植的蔬菜。透過腳踏車、公車就可以來往工作的場所與學校，而不用靠名貴的私家車送到校門前。視線所及不是抬頭向上看的大樓，而是不具壓迫感且每間風格互異的房子。

「光在那裡就快樂的街區」必須從小現象打造、從情感層面思考空間，只靠鋪設平整的馬路或蓋大樓，絕對無法滿足這樣的想法。

建築的低或空間的小，不是指尺寸，而是富田玲子的著作《小建築》所說的：

> 「小建築」的意涵，並非指規模或尺寸小的建築，而是與人的天生五感能夠互動、感知、延伸的建築，或者說是與我們身心相容的建築，而不是令人覺得渺小、感到孤立不安的建築。（陳永興譯，〈擺盪在三低與三高之間〉）

如果大巨蛋無法通過安檢，就拆了吧！

小時候，我在光復國小上課，每天會經過巨蛋前的那塊地，沒有什麼高聳的建築，看得到城市的藍天，往當時的信義計畫區走去，還有一些綠油油的稻田。從那個時候到現在，臺北蓋了很多房子，但是勞工的薪資還是相同，所以蓋那麼多房子，民眾的生活和所得有比較好嗎？

如果沒有，我們是否需要不同的建築和思考呢？

九、東京的終點：雜司之谷靈園、鬼子母神

我一直覺得東京是座相當有「層次感」的城市，不僅在建築上可以看到層次、在速度和生死之間也可以看到層次。

1 時空交錯的城市

建築層次的構造來自歷史堆積，一代一代的建築、人物和文化在這個城市層層疊疊交錯著。一棟新式的西式大樓後，可能就是有上百年歷史的古剎。東京人就這樣與傳統共存，在不同時代的建築之中生活著。

而速度的層次來自不同交通工具，在東京站看到的列車，有高速的新幹線、特急列車、快速列車；地下還有盤根錯節的地下鐵。日本人對於列車的愛好，除了實用性功能，還具備儀式與美學上的愛好。香港作家湯禎兆相當準確地指出新幹線在文化上

的意涵：「它指涉的儀式，還包括那種絕塵而去劃破長空的快感，製造出一種異度空間來。」「外表的前衛造型，成為一種物質上進化的標記。」

速度上的一端是新幹線，是先進、進步的象徵；另一端則是緩慢的電車。二十世紀初，隨著東京現代化，興建多條路面電車，當時東京的路面電車網相當複雜，有如現在的地下鐵網路。列車的速度與現在的地下鐵相較，顯得緩慢許多，當叮叮聲響穿過市區，充滿明治或是昭和時代的氛圍，因此在很多電影中，路面電車似乎成為一個時代的印記。

2 老東京

東京目前留存兩條路面電車都電荒川線、世田谷線。荒川線連結三之輪橋與早稻田，穿越東京較為老舊的社區，一般稱之為「下町」，與建築風格前衛的表參道、六本木和汐留不同，這裡帶著「老東京」的氣氛。

「老」是一種生活的步調、是一種街區展現的氣氛。蜿蜒的街區，每走幾步路就是一間神社，轉角就是一間古寺。居民們的穿著也稱不上時尚，沒有西裝筆挺的上班族，也沒有行色匆匆、穿著入時的ＯＬ。總看見腳踏拖鞋、身著浴衣的居民、帶著小孩的媽媽，或是已逾退休之齡的老者，帶著一種悠閒的氣氛、一股生活的感覺。

3 鬼子母神

有次到了東京開會，我留下一、兩日想搭一趟都電荒川線。從住宿的旅館出來後，我搭上山手線，沒有幾站就到了大塚，再搭都電荒川線。當天的散步從荒川線的「鬼子母神前」開始，由鬼子母神前的表參道，經鬼子母神堂往南越過都電的鐵道，行經雜司之谷靈園，拜訪昭和時期大文豪們的永眠之處。

鬼子母神的故事十分有趣，源自印度的「訶梨帝母」。訶梨帝母有五百名子女，象徵著豐產，為了養活子女，祂殺害人間的嬰孩做為食物。佛祖將祂最小的兒子帶走。鬼子母發現孩子不見了，最後向佛祖求救，發誓永不再殺害人間的小孩，成為一個保護小孩的神祇。

我拜訪時是八月底，早晚已經有了秋意，然而接近中午時，天氣還是相當炎熱，走進鬼子母神的表參道，沿路兩旁有大樹。我參拜之後，坐在樹下休息。

鬼子母神前的參道上，有一間類似臺灣早期的柑仔店，招牌寫著「上川口屋」，創業於天明元年（一七八一年），可以說是日本最古老的「駄菓子屋」。什麼是「駄菓子屋」呢？主要是販賣糖果的小店。在鬼子母神堂的參道上，一間保護小孩的寺廟前，這樣糖果屋真是再適合也不過了。

4 墓園的散步

離開了鬼子母神堂，我穿過東京音樂大學，走到了雜司之谷。

我看著靈園的地圖，想找夏木漱石的墓。但墓碑樣子看起來都差不多，很難辨認得出來。不久看到一組人拿著攝影機拍攝，進行採訪，向前走去，果然看到墓碑寫著：「文獻院古道漱石居士。」（夏目漱石死後也不寂寞啊……）

我在小小的墓園晃了一圈，記者向我湊過來，詢問我的來意，我用日文表明了我臺灣人的身分，並且喜歡讀夏目漱石的書，來此表達緬懷之意。

走出墓園，想起讀過的《我是貓》、《心》和《少爺》等作品。夏目漱石不是個早慧的作家，三十八歲時發表第一部小說，在四十九歲時就去世，僅僅十一年的創作歲月，卻在當時及其後的文壇上都享有盛名。

夏目漱石居住在都電荒川線的盡頭早稻田附近，所居住的那條街後來改名為「夏目通」。他從小就過繼給別人當養子，在繼父與原生家庭之間都過著不快樂的日子。或許如此，他一直為憂鬱症所困擾，也有暴力傾向。太太夏目鏡子在《漱石的回憶》中就將他古怪的脾氣揭露出來，他會對家人大呼小叫，有時還拳腳相向。我突然想起以前日幣一千元的紙鈔上印著夏目漱石的半身像，從其表情來看，似乎真的是個不快樂的人。

漱石死後，葬在離家不遠的雜司之谷靈園，這裡還埋葬著永井荷風、竹久夢二和泉鏡花等作家，可以說是世代文豪的最終歸宿。

5 生與死之間

從靈園離開後，我開始思考一些以往不曾想過的問題，東京這樣一個城市如何思考生與死的議題呢？在空間上的布局如何將生人與死人分開。我們在臺北的城市空間規畫中，墓園都在城市周邊的丘陵與山坡上，很少在城市之中見到大片的墓園。

然而，寸土寸金的東京卻展現了不一樣的空間規畫，谷中靈園在日暮里旁，範圍有十萬平方公尺，有超過七千座的墓。名畫家橫山大觀、江戶德川幕府的最後一代將軍德川慶喜等名人都埋葬於此。在這些名人的墓碑之前都有解說其生平的石碑，在裡頭逛一圈，可以增加不少歷史知識。

當春天的賞櫻季節一到，沿路的櫻花妝點谷中靈園和雜司之谷靈園，這裡也成為東京都內的賞櫻名所，日本人在靈園之中一邊賞櫻、一邊喝酒唱歌，熱鬧不已。李清志曾經於《旅行的速度》指出公園化的城市靈園，對於東京人的啟發：

建築師北川原溫則在青山靈園前的路口，設計建造了一棟有著「死亡跳板」的大樓，似乎在向忙碌的東京人宣告死亡的無所不在與無可抗拒，強迫世人去面對死亡的現實，並且產生所謂的「終極關懷」。建築學者亞歷山大也認為，在都會中安排設置小型城市靈園，打破死人與活人間的空間界線，讓忙碌都市人可以進入靈園安靜冥想，一方面幫助安靜忙亂的心靈；一方面也可以思考自己為何忙碌。城市靈園基本上就是一座富宗教哲理的心靈空間。

確實，我在八月末至此，一路行來，沿途樹木參天，鬼子母神前還有一株六百年的巨木，整體的氣氛清涼而不陰森，而且一進入神社的腹地之中，便感受到這個空間的靈氣。

我再次坐上都電荒川線，準備離開，經雜司谷到庚申塚車站，車上的老人紛紛到旁邊的巢鴨地藏通購買日常用品，那裡已經成了高齡者的購物天堂。附近的大片墓地是死後的居所。這一路，從生到老，由老年步入死亡，死生之間的層次，具體地展現在都電荒川線的沿線。

圖4-20

都電荒川線

圖4-21

鬼子母神

圖4-22

鬼子母神堂清幽的庭院

圖4-23

夏目漱石之墓

一

註6氏神：居住於同一聚落、地域的居民共同祭祀的神道神祇，共同信仰此神明的信徒稱為氏子，而祭祀氏神的處所則稱為氏社。

註7愛奧尼柱式：源於古希臘，是希臘古典建築的三種柱式之一（另外兩種是多立克柱式和科林斯柱式），特點是比較纖細秀美，又被稱為女性柱，柱身有二十四條凹槽，柱頭有一對向下的渦卷裝飾。

結語

東京的未來

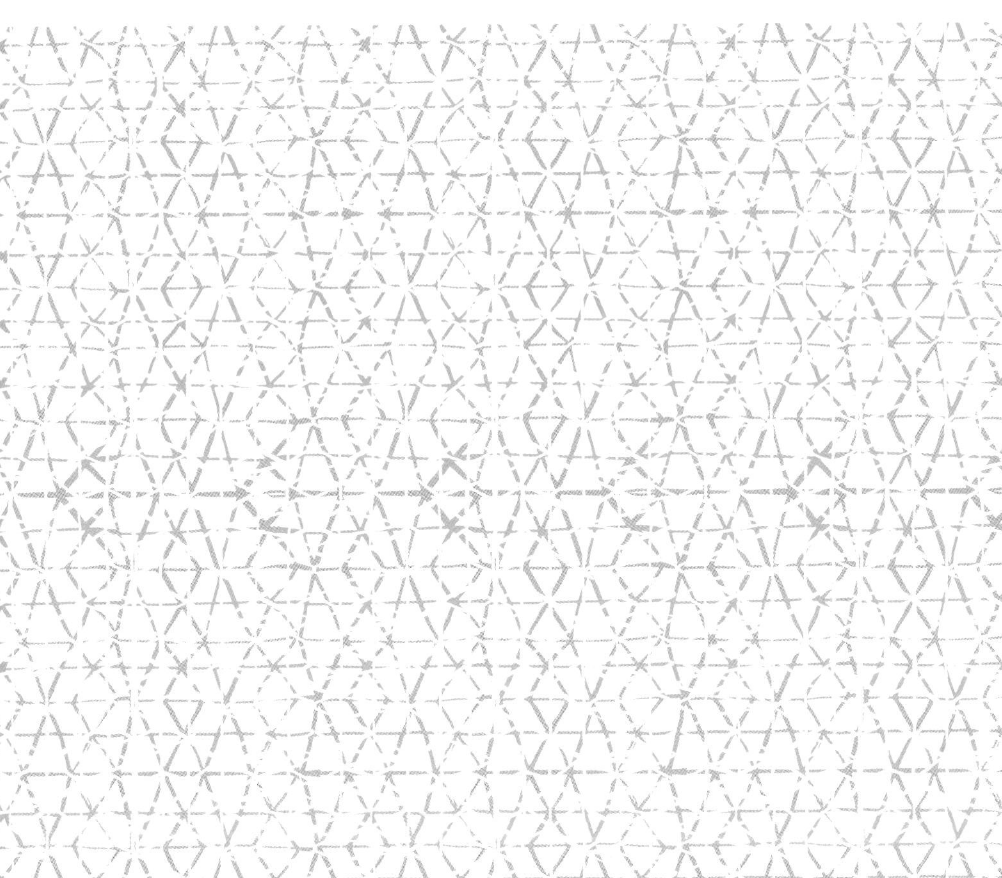

做為一名消費社會的研究者，三浦展在臺灣最有名的一本書《下流社會》，探討全球化資本主義的當下，中產階級如何往下層流動的現象。除此之外，他也寫一些雜文，我喜歡他的一本雜文《大人のための東京散步案內》（為了大人而寫的東京散步介紹），這裡所說的大人應該就是指有點年紀的人，中年人以上，我雖然尚未到達這個年紀，心智上卻已有這樣的感覺了。

這本講東京散步的書，以「中年人出外散步，順便講古」的方式書寫，由於他是研究消費文化的專家，搜集各式各樣的情報，所以這本書也可以視為一本旅遊書。商店街、居酒屋、喫茶店、公寓、年輕人的風俗，文化……都是構成東京街頭的要素，由於是針對上了年紀的人所寫的，故也透露出一種懷舊的氣氛。

現在的東京街道組成大致上是關東大地震之後所建立的，經過一波一波的都市計畫，逐漸形成當下的地景。近來都市計畫的最大特點在於成為媒體話題的幾個開發案，像六本木之丘、表參道之丘、丸之內、汐留潮邊等。透過這樣的開發案，形成了一種「島嶼宇宙」的城市地景，按照建築家鈴木博之的說法：「就像是在混沌的都市中，這裡那裡浮現出一個個島嶼宇宙一般，這些島嶼宇宙就成了人們渴求可以休息與恢復嚮往的綠洲。」

在東京的不同地方散步，如同在不同個島嶼中閒逛，每一個島嶼都有它特定的族群、特定的消費導向，如秋葉原以電子產品的販賣為導向，原宿則以cosplay的服裝和飾品為主，這一塊一塊不同的顏色的拼布，透過山手線串聯起來。難怪有人形容東京是一個由村落所形成的都市。在日本，東京不像京都和奈良是具有完整城市規畫的歷史城市，而是一個一個小聚落結合而成，而每個小聚落因為不同的居住情況、歷史背景與消費族群，建立起獨特性。

我喜歡東京的「舊」，層層疊疊起來的文化痕跡，也是我在書中所提的「層次感」。下町小巷弄中的城市文化，在規模大小不等且布局疏密適宜的聚落中，容納著兩、三百年來的政治活動、民間傳統和宗教儀式的活動，每一個轉角都有令人意外的驚喜。

我也喜歡東京的「新」，當夜晚的霓虹燈亮起，櫛比鱗次、無以計數的人群來來去去，宛如無止無盡的迷宮，光走在其中就有一種矇矓暈眩的感覺，這大概是人類創造出的幻象極致。

新與舊、過去與現在，於城市中共存著，二〇二〇年的奧運會為這個城市再增添一些新的風采，也會帶來不同的刺激。東京的故事將繼續寫下去，未完待續……

結語

東京的未來

251

HISTORY 036

東京歷史迷走

作　者—胡川安
主　編—李國祥
責任編輯—麥可欣
企　畫—葉蘭芳
封面設計—蔡佳豪
美術設計—兒日

總編輯—李采洪
董事長—趙政岷
出版者—時報文化出版企業股份有限公司
一〇八〇一九臺北市和平西路三段二四〇號三樓
發行專線—（〇二）二三〇六—六八四二
讀者服務專線—〇八〇〇—二三一—七〇五
（〇二）二三〇四—七一〇三
讀者服務傳真—（〇二）二三〇四—六八五八
郵撥—一九三四四七二四 時報文化出版公司
信箱—一〇八九九臺北華江橋郵局第九九信箱

時報悅讀網—http://www.readingtimes.com.tw
電子郵件信箱—genre@readingtimes.com.tw
法律顧問—理律法律事務所 陳長文律師、李念祖律師
印刷—富盛印刷有限公司
初版一刷—二〇一七年十二月二十二日
初版四刷—二〇二〇年十二月四日
定價—新臺幣三五〇元

時報文化出版公司成立於一九七五年，
並於一九九九年股票上櫃公開發行，於二〇〇八年脫離中時集團非屬旺中，
以「尊重智慧與創意的文化事業」為信念。

東京歷史迷走/ 胡川安著 ; -- 初版. -- 臺北市 : 時報文化, 2017.12　面；　公分. -- (HISTORY ; 36)

ISBN 978-957-13-7260-0(平裝)